50年後　日本人口8千万人割れ（政府公表）

「廃県置市150 PartⅡ」革命的提言

中央政府と地方政府150で大変革を問う

なぜ、聖徳太子の「十七条憲法」か、明治天皇の「五箇条のご誓文」か、「日本国憲法　前文」（それぞれ抜粋）を掲載したか。

今日まで、何度くり返し、眼を通したか。日本の国、日本人を思うとき、参考にした。今日、日本は危機的状況下にあると思っている。止まることのない〝人口減〟、遠くない、いつか起こるだろう首都直下型大地震、日本列島に大激震があると思えてならない。

毎年の大自然災害、自殺者3万人、交通事故死1万人超え、市民の税金で良い思いをしている人たちを除いて、多くの市民は日常大変な思いをしている現況。各級選挙の投票率を見るにつけ、いかに市民が政治・行政に不信感をもっているかの表れと私は考えている。

日本の進路、日本人こその思いを〝ひとつの心〟で発展させていくことを望んでいる。

◎聖徳太子・十七条憲法（口語文＝抜粋）◎

第一条

おたがいの心が和らいで協力することが貴いのであって、むやみに反抗することのないようにせよ。それが根本的態度でなければならぬ。ところが人にはそれぞれ党派心があり、大局をみとおしているものは少ない。だから主君や父に従わず、あるいは近隣の人びとと争いを起こすようになる。しかしながら、人びとが上も下も和らぎ睦まじく話し合いができるならば、ことがらは道理にかない、何ごとも成しとげられないことはない。

第二条

まごころをこめて三宝をうやまえ。三宝とはさとれる仏と、理法と、人びとのつどいとのことである。それは生きとし生けるものの最後のよりどころであり、あらゆる国々が仰ぎ尊ぶ究極の規範である。いずれの時代でも、いかなる人でも、この理法を尊重しないことがあろうか。人間には極悪のものはまれである。教えられたならば、道理に従うものである。それゆえに、三宝にたよるのでなければ、よこしまな心や行いを何によって正しくすることができようか。

第四条

もろもろの官吏は礼法を根本とせよ。そもそも人民を治める根本は、かならず礼法にあるからである。上の人びとに礼法がなければ、下の民衆は秩序が保たれないで乱れることになる。また下の民衆のあいだで礼法が保たれていなければ、かならず罪を犯すようなことが起きる。したがってもろもろの官吏が礼を保っていれば、社会秩序は乱れないことになるし、またもろもろの人民が礼を保っていれば、国家はおのずから治まるものである。

第五条

役人たちは飲み食いの貪りをやめ、物質的な欲をすてて、人民の訴訟を明白に裁かなければならない。人民のなす訴えは、一日に千件にも及ぶほど多くあるものである。一日でさえそうであるのに、まして一年なり二年なりと、年を重ねてゆくならば、その数は測り知れないほど多くなる。

このごろのありさまを見ると、訴訟を取り扱う役人たちは私利私欲を図るのがあたりまえとなって、賄賂を取って当事者の言い分をきいて、裁きをつけてしまう。だから財産のある人の訴えは、石を水の中に入れるようにたやすく目的を達成し、反対に貧乏な人の訴えは、水を石に投げかけるように、とても聴き入れられない。こういうわけであるから、貧乏人は何をたよりにしてよいのか、さっぱりわからなくなってしまう。こんなことでは、君に仕える官たる者の道が欠けてくるのである。

第六条

悪を懲らし善を勧めるということは、昔からのよいしきたりである。だから他人のなした善は、これをかくさないで顕し、また他人が悪をなしたのを見れば、かならずそれをやめさせて、正しくしてやれ。諂ったり詐ったりする者は、国家を覆し滅ぼす鋭利な武器であり、人民を絶ち切る鋭い刃のある剣である。また、おもねり媚びる者は、上の人びとに対しては好んで目下の人びとの過失を告げ口し、また部下の人びとに出会うと上役の過失をそしるのが常である。このような人は、みな君主に対しては忠心なく、人民に対しては仁徳がない。これは世の中が大いに乱れる根本なのである。

第七条

人には、おのおのその任務がある。職務に関して乱脈にならないようにせよ。賢明な人格者が官にあるときには、ほめる声が起こり、よこしまな者が官にあるときには、災禍や乱れがしばしば起こるものである。世の中には、生まれながらに聡明な者は少ない。よく道理を心がけるならば、聖者のようになる。およそ、ことがらの大小にかかわらず、適任者を得たならば、世の中はおのずからゆたかにのびのびとなってくる。これによって国家は永久に栄え、危うくなることはない。ゆえに、いにしえの聖王は官職のために人を求めたのであり、人のために官職を設けることはしなかったのである。

第八条

もろもろの官吏は、朝は早く役所に出勤し、夕はおそく退出せよ。公の仕事は、うっかりしている暇がない。終日つとめてもなし終えがたいものである。したがって、遅く出仕したのでは緊急の事に間に合わないし、また早く退出したのでは、かならず仕事を十分になしとげないことになるのである。

第十条

心の中で恨みに思うな。目に角を立てて怒るな。他人が自分にさからったからとて激怒せぬようにせよ。人にはそれぞれ思うところがあり、その心は自分のことを正しいと考える執着がある。他人が正しいと考えることを自分はまちがっていると考え、自分が正しいと考えることを他人はまちがっていると考える。しかし自分がかならずしも聖者なのではなく、また他人がかならずしも愚者なのでもない。両方ともに凡夫にすぎないのである。正しいとか、まちがっているとかいう道理を、どうして定められようか。おたがいに賢者であったり愚者であったりすることは、ちょうどみみがね〈鐶〉のどこが初めでどこが終わりだか、端のないようなものである。それゆえに、他人が自分に対して怒ることがあっても、むしろ自分に過失がなかったかどうかを反省せよ。また自分の考えが道理にあっていると思っても、多くの人びとの意見を尊重して同じように行動せよ。

第十七条

重大なことがらはひとりで決定してはならない。かならず多くの人びととともに論議すべきである。小さなことがらは大したことはないから、かならずしも多くの人びとに相談する要はない。ただ重大なことがらを論議するにあたっては、あるいはもしか過失がありはしないかという疑いがある。だから多くの人びとともに論じ是非を弁えてゆくならば、そのことがらが道理にかなうようになるのである。

明治天皇　五箇条のご誓文

一、広く会議を興し、万機公論に決すべし

一、上下心を一にして、盛に経綸を行ふべし

一、官武一途庶民に至る迄、各其志を遂げ、人心をして倦ざらしめんことを要す

一、旧来の陋習を破り、天地の公道に基くべし

一、智識を世界に求め、大に皇基を振起すべし

我国未曾有の変革を為んとし、
朕躬を以て衆に先じ、天地神明に誓ひ、
大に斯国是を定め、万民保全の道を立んとす
衆亦此旨趣に基き協心努力せよ

日本国憲法　前文（抜粋）

われらとわれらの子孫のために、諸国民との協和による成果
政府の行為によつて再び戦争の惨禍が起ることのないやうにすることを決意し、
ここに主権が国民に存することを宣言し、この憲法を確定する。
日本国民は、恒久の平和を念願し、人間相互の関係を支配する崇高な理想を深く自覚する
われらは、いづれの国家も、自国のことのみに専念して他国を無視してはならないので
あつて
自国の主権を維持し、他国と対等関係に立たうとする

《序章》

〝愛・勇気・使命感　Mother's Mind Spirit〟

主権者である〝市民〟（大衆でない、庶民でない）ひとりひとりの強い意識改革を求めたい。

私の革命的な政治ビジョン「廃県置市150」推進への道、〝市民〟の決心で十年で実現する。

現政府は、2015年に50年後2065年の日本人口は、8千万人割れを公表した。

2013年12月号、2014年6月号、中央公論で、元岩手県知事、増田寛也研究グループで、2040年日本の人口は1億人割れをすると明らかにした。その上で、地方自治の壊死は年々増えていくと発表した。

私にとって、想像していたこととはいえ、やはり衝撃的であった。

この人口減少のスピード化は先ず止まることはない。このことで、結婚年齢はさらに上った。子供を生む既婚者も将来不安で、戸惑いと不安で生みひかえが加速した。

政府、自治体は競って子育て対策に矢つぎ早やに、予算を増やし、〝子づくり励め〟とばかりに次々と手をうった。保育園づくりをはじめ、ふたりめ、3人めと子育て手当を増やし続けている。しかるに市民は反応しなかった。安倍政権は日銀黒田と結託し、〝アベノミックス〟の連発で何か分からないが、何んとなく良くなるのではないかと期待させ、先の衆院選（2014年12月）で300議席超えを果たした。公明党の支持、その他で、2016年7月参院選勝利と併せ、衆参議席3分の2を超えた。2017年10月総選挙でも得票総数の48％を得て284議席で圧勝。与党公明党を加える313議席となった。

これで、いよいよ安倍政権、安倍首相の勝手な想いである憲法改正発議を出せる国会の条件を満たし、と自信満々の言動が多くなった。

しかし少し考えると解かることだが、自公大勝利、このことは間違いない。ところが、自民の議席確保は、公明党の支持結果で、公明党が自民離れすれば、自民議席は40％〜50％減るという不安定要素があることは云うまでもない。私事で明らかにすると民主党

（現民進党）で衆院選を4回戦った。1回比例復活当選を果たした。その前回は、南関東比例で比例順位1位であった。

参考だが私事では、自民候補との戦いでは全敗であっても、民主の私と自民の候補者だけの戦いでは、私の3勝1敗であった。敗けたのは、自民候補に公明党票が上乗せになることでの敗北であった。

私の選挙区神奈川3区は、横浜市で最も公明党が安定した力。集票力を持っている選挙区であったことによる。

逆に言えば、公明票が私を支持すると、私が全勝という結果となった。

さらに発意しておきたい。安倍自民党の勢力の実態は２０１４年１２月の総選挙で全国の有権者から得た総得票数は、全有権者の19％と少しであります。つまり、全有権者の２割であったことを知っておくべきだと思います。私に云わせれば、得票率２０％弱で圧勝という現実は、とても民主主義が結果を出したとはいえません。

本来得票率を知ったことで、恥しい結果と安倍政権、安倍自民党は思わなくてはなりません。

しかるに有頂天で、我が物顔で天下人を自認している現政権に少々ウンザリする。有権者支持20%の日本の盟主といわざるを得ない。

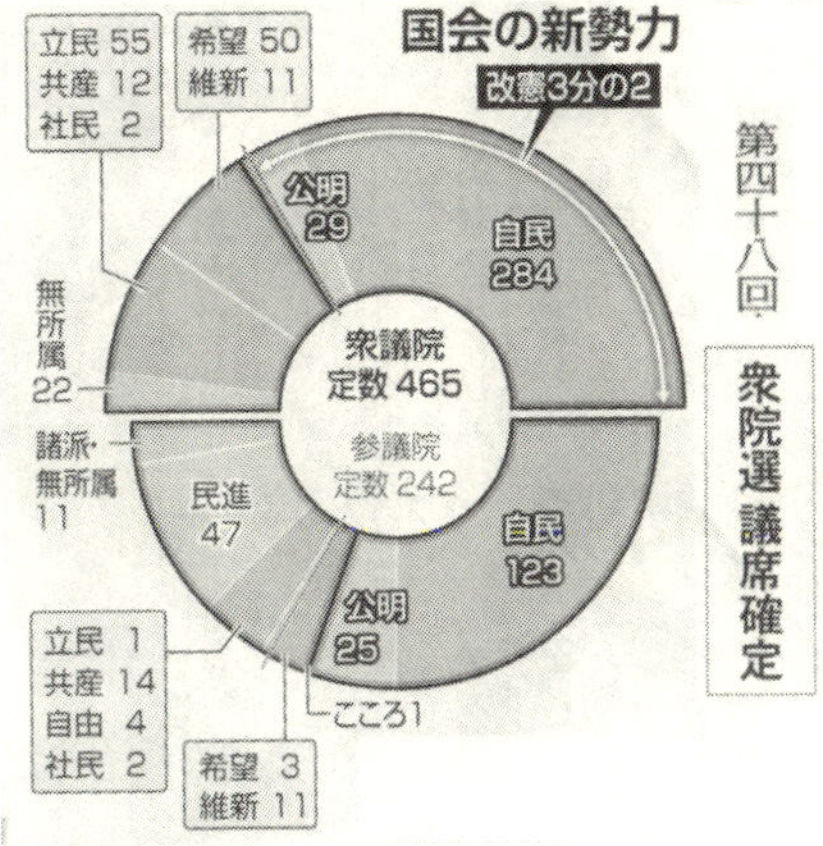

投票率の50%超えが民主主義選挙下での常道と思わなくてはならない。
この際付け加える。2017年総選挙で自民党は大勝した（284議席）と言われるが、実態はそうではない。戦後2番目に低い投票率53・68%で、絶対得票率は25%しかない。とても大勝とは言いがたい。
自治体首長の例、やはりヨコハマのことで云っておきたい。2017年7月、横浜市長選があった。前回2013年7月投票率29%、得票数は全有権者の23%、異常な当選となる。この選挙は、本来民主主義下の選挙では無効となる。やり直しが正しいと思う。もちろん、有権者側も同罪である。主権者は市民である、にもかかわらず投票しない。そして、4年間市行政の全てをゆだねる。投票所に行く。たとえば、投票する人が考えられなかったら、意思表示投票をすべきだ。バツ（✖）印でもよい。

日本こそ国際社会に民主主義の最も大事な、主権者は市民であることの意思表示を放棄することは許されない。民主主義を否定することになりかねない。投票後はその結果の責任は、行政・議会に委ねることになってしまう。

私は敢えて言う。投票しない市民に厳しく問いたい。あなたは主権放棄をしたと思いなさい。

先の参院選挙（2016年7月）。18歳からの投票権を国会は承認した。高校生も投票権を得た。しかし投票率は46％と知って、残念と思った。18歳以上の投票権、このことは18歳以上は成人ということだ。法律に明記すべきだ。成人としての自覚を促す。本当のところ、このことの理解を得て、投票権を付与すべきと今日でも強く主張したい。

これらの選挙事例は、事欠かない。その解決策を提案したい。要は、かって横浜市会議員であった（1975～1993年）とき、市長あるいは議会への働きかけをし、実現した。県では、知事、副知事を置き、副知事は知事の代理を務める。同じく市町村では、市長を補う役職に助役を置いていた。

私の主張と働きかけは、市長の補佐役としての助役という呼称は、鉄道駅の駅長に次ぐ役職に助役を置いている。私は、自治体の市町村長の補佐役として〝助役〟の呼称を止め、〝副〟を付すことを事あるごとに説いてきた。

横浜からはじまり、神奈川県下の自治体首長、他府県下自治体の首長、正議長に、できるだけ会い、提案しつづけた。

今日では、どこでも自治体の首長の補佐である、副市長、副町長、副村長と変わった。私の提案の結果、決まったと思っている。

今、この場で付言したいことは、都道府県市町村の首長も人間である、病気もある、死去もある、不祥事で辞任もある。

今日の都道府県47、市町村1741で、様々の理由で首長が不在となって、単独選挙がある。これらの選挙費用負担が自治体にとって大きすぎる。

現在、単独首長選挙は大変多い。私の緊急提案は、首長辞任の場合、残り任期を副首長が担う。議会もこれを承認し、行政下の議員も諒解する。何をさておいても〝市民が承知する〟。ここで万事円満に対象自治体の難問が解決する。（公選法259条、その2を改廃すれば済む。同じく自治体議員ににょる法改正で済む）

統一地方選挙が4年ごとにある。首長選、そして議会議員も欠員は原則選挙はない。私の提議した「廃県置市150」では、自治体議員選挙は、統一選挙、そして提議してきたひとつの自治体で議員は15人〜20人としたことで、かってあった自治体議員選挙は定員数15人〜20人、全市域で行うことで、議員の補欠選挙は〝しない〟（法改正を要す）、補欠選挙は無くなる。このことで、全国的に自治体補欠選挙予算は必要なくなる。自治体選挙法（首長、自治体議員）を変えることで何ら問題ない。

同時国政選挙でも衆参議員の欠員選挙が2016年4月、2つの衆院補欠選挙がはじまった。東京10区、福岡5区、それぞれの選挙予算は各自治体に大きな負担を強いる。国会議員は、選挙区のための議員ではない。国政の議員である。ここに明記しておきたい。

現小選挙区制を2分の1で150選挙区（定数2人）計300人（選挙区定数2）、比例を廃する。

参院は、150の自治体、政府首相（呼称）、が兼任する。自治体政府・つまり市政府は、自立自助を中核政策に掲げ、市民の協力を得る。根幹は、〝市民の、市民による、市民のための行政〟を徹底的に標榜し、理解と協力を前提とする。

ここで議会の役割だが、厳しく言っておきたい。

今や全国の自治体議会は、今日の東京都議会と同じ状況である。云うまでもなく、市行政と議会は、車の両輪である。とはいえ、現実はなれ合いである。車の両輪は死語となっている。

国自治体を問わず、万般の癒着が、問題ではないか。市民・納税者への裏切りと言いたい。中央集権化が進むにつれ、ひどくなったことは否定できまい。これら以上のことは、市民（納税者）は全く知らないところでの日常茶飯事である。

そこには、民主主義の原点である市民主権の存立は見受けられない。

今一度、強く言いたい。市民主権とは、政治・行政の主役は市民であるという意識をもたなくてはならない。それは選挙に投票に行くという責任と義務が生じるということである。


ここでつけ加えておかなくてはならない。全国自治体議員だが、まずは東京都議会を血祭りにあげたい。最近では、オリンピック施設、豊洲の中央卸売市場で言われている、自民党都議の大物と、都民から全く信頼されていない輩と都知事と行政側、そして大手建設業者どもの談合のウワサが絶えない。施工落札していく事実など書くこともいかがわしい現実は、何んともやりきれない。府県議会議員の不祥事も後を絶たない。さらには、直近では、富山市議会の政務調査会費の不正流用、情けないのひと事に尽きる。全国の県・市議会もまったく同じだと思う。

私の例にふれる。横浜市では政務調査費月５０万円であった。当時月５０万円というと大金であった。私の政治主題は、横浜をアジアの首都を目標とすること、横浜を世界の冠たる都市づくり、東京を越え、パリ、ロンドン、ニューヨーク市を越えるビッググランドシティ創りであった。故に、事務所を2ヶ所開設し、女子職員2名、秘書3名という大世帯。当時全国自治体議員で飛び抜けた勢いの議員活動で政務調査費で足りない、友人たちのサポートをも求め、協力支援をいただいていた。余談だが、秘書の中から、市会議長2人が生れ、それぞれ議会の実力者として活躍してくれた。

私の政治・行政の心は、Mother's Mind Spirit、つまり母心で努めなくてはならない。これが私の政治信条である。

母親が子を宿したときはじまる母親の子どもへの愛情、そして10ヶ月、誕生、その瞬間から男ごときは出るまくはない。オッパイからはじまって、オムツの取り替え、24時間赤ちゃんと一緒。赤ちゃんは本能で守ってくれている母親に全面的に頼っていく。

私が敢えて言いたいのは、母の子への愛は〝無条件〟、時代はどう動こうとこの母心に勝る人間の愛はない。見聞きした事例で、出産で母親が癌を発症し、母親の生命か、赤ちゃんを生むかの結論を医師が求めた場合、多くの事例で、母になる女性は、自分の生命より子の出産を希望するという。このことは、今日の事例ではなく、江戸時代の前より伝えられている。

母の自分の子への愛は、自分の生命に勝る。男など、父親など問題にならない、比較しようがない。

私も娘が赤ちゃんのとき、ひどい鼻風邪で私などオロオロするだけで、情けなく、頼りない父親を見せただけであった。妻は気品のある女性だが、とても私など想像できないことを、いとも簡単にしてのけた。口で、娘優子の鼻汁をすすった。それも2回、3回とである。私ただただ驚き、尊敬を新たにした。以来、今日でも女性、母親は無条件で崇拝している。「女性を大切にする社会づくりの会」（会長・加藤尚彦）では、乳がん手術、子宮頸がん及び再建手術保険適用を推進していく。

男子たるものといいたいところだが、事、子育てに関することになるとカラッキシ、ダメ親父になる。

近年、少子化に突入し、これからも止まることはない。2065年代には人口8000万人を割れる（政府公表）。

自治体首長選挙で、競って保育園増設を訴える、様々支援策を次々に公表し、湯水の如く、保育予算、子育て予算を主題政策としている。その優劣で勝敗も決まってしまう。

私は反対はしないが、意見はある。そのいくつかの例を出して市民に問いたい。

先ずは、家計の問題があって、共働き止むなしの現実があるし、世論もある。

私の意見だが、共稼ぎで、マンションをローンで買う。マイカーもローンで買う。家具等もローン漬けらしい。これじゃ家計は大変になる。そこで意見を言いたい。家計費の中で最も大きいと思えるのは、家。ローンとか賃貸マンションとか、住いの負担が大きい、と誰もが応える。であれば定年まで賃貸と同じである。決して持ち家とは言わない。

そこで、私の提案である。3LDK～4LDKの住宅を、収入に応じ、3万円～7万円に設定した自治体公営住宅（耐震100年）を廃県置市150では実現する。エネルギー100％、食料100％目標とす。80万人～100万人（現衆院小選挙区制2分の1）

の都心、市政府庁舎所在、半径5km²～10km²以内では、一般住宅は建たない。公営住宅と企業ビル、商業ビル、高さは一定で8F～10Fの高さ制限がある。無論、幼・小・中・高校までの施設はある。保育所は公営住宅内に設置する。

里山計画論、島王国についても著しておきたい。

日本は、全国自治体には、海あり、山あり、川あり、里山あり、島もある。世界有数の自然大国である。自然エネルギーの宝庫である。全国どこでも食料を生産できる。無農薬食料ゆえに世界に向って貿易対象として展開できる。食料輸出国となる十分な土地と技術がある。

50万ha近い耕作地も手つかずとなっている。里山や島の活用で、数千万haを食料生産できる。再生エネルギーもしかりである。横浜ですら（現自給率6％前後）農業人口をつくる、年収600万円以上となる。現平均所得の上を行く。私の計画は、止まることを知らない。思いを実現する。

アフリカ、アジア最貧国へもエネルギー、食料支援をしつつ、アフリカのどの国でも日本流を支援する。

森、川、湖をひとりひとりが大事にする。現状に手を入れる。10年、20年でアフリカの貧しさや、教育、感染症対策ができる。

日本政府と地方政府150は、同等の立場で内政、外交に責任をもつ。特に自治体政府の内外政で重要になる、今日までの中央集権の中で、政官業がゆ着でやりたい放題。市民無視、貧しい人たちのないがしろは、先ず間違いなく無くなる。無くさなくてはならない。今の国・自治体は全力で市民から税を取ることに熱心である。市民無視も甚だしい。年金下げ、健康保険・介護保険料は上がる。税金滞納には年14%の加算である。怒り狂いたくなる。毎年自殺者が3万人もでる。冗談ではない。


「**廃県置市150Ｉ**」は、少子化対策が動機であった。加えて、持論である、いかに中央集権から地方自治体主権に変革させるか。そして世界平和への近道、待ったなしの地球環境、1900年CO^2ゼロへの道、教育の大事さ論、農業こそ国力論、新エネルギー論、感染症必滅論etc。

「**廃県置市150 Ⅱ**」について

150の自治体政府を生む。1自治体100万人前後、人口総数1・2億人〜1・5億人

衆参国会議員は

衆議院議員ひとつの自治体定数2人計300人

参議院議員ひとつの自治体首長（首相・市長）兼務とする。参院定数150人

現在衆参議員定数　衆465人　参242人　計707人　事実上36％減じる。

自治体議員は、現在国内で3・5万人

「廃県置市150」では、1市20人×150＝3000人

そして公務員は、現在、教師と警察官を除く30％削減する。

足らざるは、全ての市民の協力が求められる。小・中・高・大のボランティアを正課にする。

ボランティア社会実現への道へと進む。

要は、誰もが日本人であり、市民である。私も妻も社会のひとりという強い気持を持つ

ことで良い。

私は、少しでも社会に役立ちたい。そんな人たちで日本を、郷土を守り抜く。すでにボランティアは、全国で根づいている。大きな災害で発揮している。普通になりつつある、とはいえ、今のところ、ほんの数％で、未だ定着までは遠い。少なくとも、小中高大は１００％、それ以上では５０％超え、シニア、年金生活者の５０％を達成する。であれば、社会は変わる。世界一大借金大国、大都市の借金を何としてでも解決しなくてはならない。

歴代の内閣、歴代の大都市市長や知事は、無責任で放り投げたまま、１期４年で数千万円の退職金をヌケヌケと得た、盗人猛々しいと思えてならない。

私は、気になってしょうがない。借金を当たり前として先送りする、先送りしてきた無責任で破レン恥に怒り心頭。では解決方策は、勿論ある。

議員定数を１０分の１削減、公務員（除く教員、警察官）３０％削減、不可能ではない。市民次第ではある。

みんなで世直しをする。議会や公務員に全てまかせることはもう止めることだ。最も信用信頼に足る人とは思ってはいけない。とはいえ、時には議員にふさわしいと思える人たちに出会うことができる。しかし例外だな。

さて、確認しておきたい。「廃県置市150Ⅰ・Ⅱ」について、市民のみなさんが、待ってましたとばかりに賛同していただけると思いたい。

公務員の天下り問題もさりながら、政官業のゆ着で税金を喰いものにしている輩退治が急務と考えている。よく耳にする農協解体論など象徴じゃないかと思っている。政官業ゆ着の代表と思える。

第二次大戦後、地主解体で小作人が地主になった。その後、小作人地主の殆んどが兼業農家として、保持しつつ農地を宅地に変え、巨万の富を得た。そして農協経営の金融機関に入り、さらに生保、損保にもふくらんでいき、今や80兆円を超すメガバンク級の金融機関となり各種公債を手に入れ、高額の金利を得る。その上ニューヨークのウォール街で、その名高い世界の投資家に交って金利稼ぎもする。勿論専門の投資家、投資ファンドの一員としての大きな存在となっている。金を稼ぐが100％の目的となっている。

本来農協中央会の役割りは、食糧自給率100％を看板に掲げるべきである。とは言え政府方針で口出しできない。農家を守る、より良い農産物を出荷する。同邦である日本人に安全で美味い食料、そしてより安い農産物を提供することだ。

しかし農協の農家への貢献は、農薬を売りつけること、農家の金を預けさせること、組織内全ゆる力を出し集金すること。その上政党からの米価問題でゆさぶられ、休耕田、休耕地、合わせて50万haという。

今や里山は壊れ、森林は破壊へと突き進み、森と里山の区別もできなくなり、例えば熊の出没、人的被害の増加を生んでいる。自然災害は、年々増大し、山林の表層なだれ、山崩れで人的被害、田畑の破壊も年々増大している。日本は大自然財産を壊している。

農協は、政府からいかに多く税金を取るかの知恵と力を発揮しているが、事実上農家にとって足しにもなっていない。

農協をひとつの例としたが、各省庁関係の全国組織について全て相通ずると思ってよい。拠って、政府・行政関係の全国組織を解体。必要不可欠と思われる組織のみ自治体政府に委ねる。

金、勲章、天下り先の受皿など、とにもかくにも政官業のゆ着は言語道断だが、主要政党としての自民、公明、2党の責任は重い。しかし何んにも感じていない。

ここで「廃県置市150Ⅱ」の主要目的を著したい。

廃県は、言葉通り、47都道府県を廃する、置市の150は全国1741自治体を150の自治体に集約する。ひとつの自治体人口は、80万人~100万人と考えたい。80万人であれば、全国人口は1億2千万人、100万人であれば、1億5千万人となる。

「廃県置市150Ⅰ」で強く市民の自覚を促したのは、50年後日本の人口は、8千万人を割るということをくり返し主張した。少子化傾向は年々スピードを上げている。東京集中、大都市集中は当面止むことはないが、それでも少子化は止めようがないと断言したい。

若者たちの結婚離れ、男子の傾向が目立つ。女子も結婚願望は年とともに消えていっている。理由ははっきりしている。日本の未来に全く希望をもてないでいることだ。結婚し、子を育てることの夢や希望を持つことができないのだ。

歴代政府の無策ぶり、歴代自治体首長の無責任振りには全くあきれる。

国・自治体では1200兆円超え世界一の大借金国。どうするのか。誰も答えを出さない。ひたすら無責任に行政側、議会側もダンマリを決めこむ。

ひとつの自治体の例だが、横浜市、人口375万人、市債残高4兆24億円。その上、新市庁舎建設を決めた。何と1000億円の借金上乗せという。すでに発注したとのこと。スーパーゼネコンの竹中工務店に設計・施工を契約し、一部予算を執行した。私は自分の知るかぎりの人たちにこの事実を話すと、誰もがとんでもないことだと怒りをぶっつけ「何んとかして下さい」という。私は情報収集を急いでいる。市長提案で、議会側はどう判断したのか。

1000億円の借金は、1家族約100万円ということになる。市民は、ひとりとして望んでいない。

確かに現況の市庁舎は人口200万人を想定して建設された。約2倍の人口増で想定を大きく超えた。現在本庁舎勤務2500人、4000人が市庁舎の周りの民間ビルに賃貸している。かって蛸足庁舎といわれたことがある。ところが今や蛸足ならば8ヶ所だが、20ヶ所に増えている。これを解消したいが、建設の発端となっていた。古い話になるが、蛸足庁舎といわれた当時より、市庁舎建設は話題になった。その度ごとに横浜市を代表する関内地区がさびれてしまう、関内地区を代表する馬車道や伊勢佐木町も人の流れが変わる、長い間築いてきた歴史を壊すのではないか、否、歴史ある店や関内駅が近いということで購入したマンションの価値が減るということで、反対の声も強い。

私はそれも理解するが、なんで、一世帯100万円の借金を負うことになることに猛反対している。市庁舎に御殿は必要ない、新都庁を少し見れば、誰もが違和感をもつ。

公務員一律30％減、今の中区役所を第2庁舎とし、中区役所は他に求めることは全く困難ではない。創意工夫、足らざるはいかようにも解決策ありである。とにかく無用の長物・新庁舎は白紙に戻すことこそ、「廃県置市150」の提議である。県庁舎、県施設余りあると言って過言ではない。

目次　廃県置市150　パートⅡ

なぜいま「廃県置市150PARTⅡ」なのか

「廃県置市150 PARTⅡ」革命的提言

〝廃県置市150〟は革命的提言である。

第2の明治維新と解釈してもらっても良い。いずれにしても、今日の日本、世界を思うにつけ、この150年をふりかえって、越すことのできる政治ビジョンが直近で求められるものと理解した上で著わした。

昨今、オリンピックボケ状況を見るにつけ、取り返しのつかない現実が直ぐそこまで迫っていることを予知している故に緊急出版した。「廃県置市150Ⅱ」は待ったナシ！　切迫感をもった緊急提言であると受け止めてもらいたい。

Ⅰ 緊急政治改革

1 廃県置市150について

47都道府県を廃し、150の政令自治体政府を創設する。

150の自治体政府創設の目的について、まず、全国1714／弱の自治体をどうまとめるのか。江戸・明治から続いた、町村の名称は、由緒ある忘れがたい故郷の名をどうするか。「残す」が結論である。

さて、150自治体政府は、現300小選挙区は、2つを1つに統合する。衆院300選挙区の1選挙区は、平均40万人から50万人。よって、廃県置市150の母体は、80万人から100万人となる。日本中に大都市が150生まれることになる。これを自治体政府という。江戸時代、大中小303藩であった。徳川幕府の統制下であった。幕府の支配下で参観交代とか、世継ぎ争いとか様々の理由で藩を潰したり、新藩をつくった。

2　江戸時代にすでに300藩という自治体政府があった

三百の各藩は自給自足。食・住・教育・医療、藩政治はいまでいう真の自治体ではないか。士農工商の身分はあって、それぞれの役割を果たし、自立で、不足するものは、他藩との行き来で補いあった。藩によっては外国貿易で富を築いた。

明治に入って、廃藩置県を強権で実行した。明治2年302の県令（県知事）を置いた。明治10年75。そして明治21年、現47都道府県となった。

〝欧米に追いつけ追い越せ〟明治新政府の大目標とした。欧米から学ぶからはじまった多くの留学生を派遣した。軍の近代化をはじめ、内外、外交に総力で臨んだ。ことのほか教育には欧米から教師を高額年収で招いた。人材育成は日本の伝統と言っていい。教育力こそ国の大方針とし、新政府の努力は賞賛に値する。

3　緊急の改革思想

日本列島１７４１自治体を１５０自治体に集約する。方法は、現在３００ある選挙区を２つを１つに統合して１つにする。よって３００の選挙区は１５０になる。この１５０自治体政府を創設する。人口は８０万人〜１００万人。衆院の選挙区は２人定数、計３００人、比例は廃する。

参院は、１５０の自治体政府首相（市長ではなく、首相となる）が、参議院議員となる市首相が兼務する。よって憲法の衆参両院を侵すことにはならない。

まず、政治改革を優先する。１５０の自治体議会議員は、１自治体政府議員の定数は１５人。したがって全国の自治体議員総数は２０×１５０＝２２５３０００人。現在の自治体議員は、全国で総数３万５千人。公務員について国と自治体とも４０％削減。天下りを断つ。有能な公務員・ＯＢは民間への道を歩む。

4　地方政府を置く

新しい自治体政府は中央政府に対し、地方政府の考え方である。自治体政府は人口80万人～100万人をもって構成する。現在の日本の人口は1億2千万人だが、地方壊死状況が大問題になっている。

政府も50年後の日本の人口は8千万人を割り込むことを公表している。少子化は年々明らかになっている。地方壊死もその現実が進行している。50年後現在の自治体数は半減すると予測される。且つ市町村の人口減と高齢化は止まることはない。

廃県置市150は、中央集権を廃する。少子化対策の決め手になると考えてよい。なお、公務員は40％に削減する。市民サービスについては後述する。

自治体政府は、繰り返しになるが、80万人～120万人を、つまり現状を維持する。

5　47都道府県の役割の終焉

47都道府県は、政府から、行政各省庁からの命令、指示通達etc、あらゆる方法手段で国の手足づくりを担わされた。同じ手法で県は、市町村を手足とした。中央集権への道程は、世界でも類のない手法で完成させた。

上意下達、政府省庁の意を押しつける。省庁の出先としている。知事、副知事、土木部長等、当然として天下り出向している。

ただし、都道府県でも国の上意下達に甘んじてばかりはない。自立し、府県の歴史に基づき、加えて府県自治体として独自ビジョンをかざし、大いに気を吐いた知事も多い。そして結果も出した。府県下に大小様々小都市がある。そこに天下り機関として悪用は許されない。役立たない県会議員や府県の幹部職員が、市町村長に天下りしているのがあまりにも多い。幕引きをするときがきた。

6　自治体政府とは

まずコンティンジェンシーについて

「危機管理意識」は政治行政マンの必須能力

7 コンティンジェンシー（危機管理意識）

Ｃｏｎｔｅｎｇｅｎｃｙ コンティンジェンシーとは、「何が、いつ、どこで起きないかわからないこと」という意味がふくまれる英語です。「不測の事態に備える」という日本語が最も近いかもしれません。ただ「よいこと」であれ、「よくないこと」であれ、次に起こることは起きるかもしれないし、起きないかもしれない。だからこそ不測です。

アメリカでは、「次に起きるかもしれない事態に備える計画書」をコンティンジェンシー・レポートと呼びます。

ＮＡＳＡなどでは、「起きてはならないこと」を含め、ありとあらゆる事態に備えるコンティンジェンシー・レポートを準備します。アメリカは、第２次大戦当時から綿密な日本占領計画を練っていたとされてます。これもコンティンジェンシー・レポートのよい例です。日本の占領政策は、アメリカの感覚では不測の事態というより「想定しうる事態」であった。

8　占領軍は天皇制について研究し尽くしていた

日本の天皇の存在について研究しつくされていて、天皇の戦犯議論を早々と収めてしまったのもその例です。

以下占領政策は１００％順調に進められたことになっています。以来日本人は、事勿れ、日和見、付和雷同で、占領アメリカ軍は予測した以上に、日本人の特質を見抜き、さらに占領総司令官マッカーサー元帥の意向が１００％国内全てのところで無事に何も起こらず進められたことに、多分ア然とし、ときには理解に苦しんだことだろう。様々なコンティンジェンシーを１２０％可能ならしめたことであろう。大戦後70年、１９６０年、１９７０年日米安保のときのみ、若干の青年たちが国会周辺デモで政府に立ち向った以降全く荒々しいことはなくなった。日本でことばとして〝民主々義〟があるが、実際は無きにひとしいのではないかといえる。その結果、政治は三流が定着したと思っている。

日本での〝民主々義〟をいかに市民のものにするか、急がねばならない。その手法として、コンティンジェンシー・レポートの役割りを必須のことと思うところです。

9　大地震は予知できる「世界の常識」

　コンティンジェンシーの能力は、決してアメリカに劣るとは思っていないんだが、様々現実をみると劣っていることが多くあることを知らされてしまう。

　3・11にふり返る。予測できなかったが常識であることを、政府も気象庁も、年間地震学で200億税金を費やしているにも拘わらず、地震は予知できないとくり返す東大地震研究所、日本地震学会、そして気象庁、恥を知るべきといいたい。世界の地震学は、今や予知が常識化しつつあることを未だ拒否し、大きな税金をただ食いはもう許されない。

〝コンティンジェンシー〟こそ地震や巨大自然災害で何が起こり、被害想定し、万難を越えて対策することではないでしょうか。いつまでも止むを得ないではすまされない。

　私は、電通大早川正士名誉教授や元埼玉大浜嶌良吉博士と国会内で4回、日本プレスセンターで2回、横浜の県民センターで2回、二日前の地震予知が日本を救う会会長として地震予知はできることを知らしめてきた。

昨今の大型台風による集中豪雨。山崩れ、田畑の流失、家屋、道路の鉄道の冠水、大きな自然災害で多くの死者を出している。災害はいつでも起こり得る。いかに備えるか、政治・行政の責任である。

10 首都直下型地震がいつ起こるかもしれない

私は全力で取り組んだ。ＣＤもつくり、小冊子もつくり配布してきた。また２０１５年１月にはやはり国会内で、田中和穂・平沢勝栄両代議士お二人の協力で、地震予知学会を50人の出席を得て立ち上げました。様々批判も承知で、予測した地震予知情報の確立を広げているところです。

２０１８年中の連休後には、地震予知学会を支援する国会議員の会が立ち上がると思っていたが、中々容易ではない。しかし止めることはしない。

〝コンティンジェンシー〟は政治家には大切な資質である。勇気、使命感、決断、実行力なども必須である。私がいうところのＭｏｔｈｅｒ'ｓ Ｍｉｎｄ ｓｐｉｒｉｔが最も大切であると思っている。〝子どもを生み、育てる〟本能的で無限の愛情、一切損得抜きの愛情をいう。

ここでいうところの〝コンティンジェンシー〟は何が起こるか予測できない。それを予測し、不測の事態に備えることの〝災害対策、防犯対策〟は万全を期すことと思い世論づくりに協力してもらいたいものだ。

首都直下型地震がいつ起こるかもしれない。もしかしたら近いうち起こると思わなくてはならない。国は死者の数を2万人超えと予測しているが、考えられない。その10倍どころかもっと恐ろしい結果を予測しなくてはならない。であるから、地震予知学に予算を即求められる。

政府の対応は全く分かっていない。急がねばならない。再度言う。原発など即廃炉の決心すべき。再稼働など論外。超巨大地震があれば、東日本全域が壊滅的な被害に遭う。考えておかなければならない。急げ！　急げ！

11　市民はダマシ易い・役人は間違わないの幻想

ところで、市民の人の良いことをいいことにして、小泉純一郎政権下の官房長官が「役人は間違わないことになっている」という発言をしたことを憶えているでしょうか。それは「我々に不測の事態はありえない。よってありえない事態には供える必要はない」という、敗戦後70年にほゞ一貫してつづいてきた自民党と霞ケ関の関係を表現した〝わかりやすい言葉〟だと思います。この70年間、日本人とはについて言い得て妙かもしれない。つまり、戦後の自民党だけでなく、旧日本軍にも日本政府にも〝コンティンジェンシー〟意識はありませんでした。「役人は間違わないことになっている」。これら役人にとって笑いがとまらないほど都合のよい言葉こそが、これまで変わることのできなかった日本を象徴しているのではないでしょうか。

12　欧米人は放射能の恐ろしさを知っていた

私は、さらにここで言っておきたい。2011年3・11の1000年に一度といわれているマグニチュード9．0が起こった。未曾有の超巨大地震であった。そして震災は大津波を起こし、併せて、2万人近い人たちが亡くなった。傷つき入院した人たちも多かったときいた。その上で、あり得ないと言いつづけてきた政府、原発関係者に福島原発破壊という事実を見せた。放射能の拡散は、想定外？　であった。家や財産、仕事場を失くし、強い放射能は、県外にも広げた。政府は〝未曾有、想定外〟と言い訳し、対応に全く結果を出せなかった。東京在住の各国大使館員、外国人はあわてて帰国した。欧米の人たちは、原発破壊で何が起こるか知っていたということになる。つまり〝コンティンジェンシー〟の経験を身につけていたということだと思える。つまり、放射能の恐ろしさを知っていた。

13 〝原発破壊〟について、政府、霞ケ関、東電等〝コンティンジェンシィ〟がなかった

一方、政府も日本人も鈍感としか云いようがなかった。私はあえていいたい。〝原発破壊〟について、政府、霞ケ関、東電等〝コンティンジェンシィ〟がなかったことに驚かされる。

1990年代、古川和男（京大卒、元原子力副委員長）と知己を得た。原子力委員会副委員長初代、当時として決していってはいけないことを度々口に出したという。ウラン型原発は人間の手に負えない。スーパーエキスパートの原発技術者が、24時間監視体制を取った〝いつ起きるか全く予測ができないのが、ウラン型原発である。よって即刻廃炉に向かわなくてはならない〟と発言しつづけ、結果、原子力委員会から放逐された。その後勇気ある東海大の物理学教授として迎えられ定年を全うし、〝古川和男トリウム溶融炉研究所〟を立ち上げた。私の横浜市鶴見事務所を1ヶ年提供させてもらった。

14 トリウム原発は、無害、戦争兵器に使えない平和な原子炉

トリウム原発は、全く無害、戦争兵器に使えない平和な原子炉が口ぐせであった。ささやかではあったが、私は〝ウラン型原発反対〟を当時、1990年代から言動したこともあって、3・11から、早や6年を迎えるが未だに除染の〝メド〟が全く立っていない。

政府は、原発再稼働の動きを活発しているが、決して許されないことだといっておきたい。許すべきでないことを、少なくとも立地の県知事、市町村長そして、それぞれの議会に厳しくいいたい。そして推進した責任を末代まで負わなくてはならないことを明言させなくてはならないと言っておきたい。」

福島東電内で汚染水の衝立をＴＶで見た通りです。規制委員長は薄めて捨てるしか方法がないいち言う。この委員長はバカで無責任極まりない。東電柏崎の再稼働を認めた。

民主々義と私が言うところの3つのC・S・Rについて

15 市民の理解が求められる

16　日本はあらゆる面で危機状況下にある

今、日本はあらゆる面で危機状況下にあるといってもおかなくてはならない。よって大胆且つ革命的改革が求められています。

２０１５年、国と自治体合わせて１２００兆円越えの借金はもちろん世界断トツ一位です。わかりやすくいうと国民ひとりあたり１０００万円を越えます。４人家族で４０００万円。もっといえば、赤ちゃんが生れる。その日に１０００万円という重荷を負うというといえば、〃そんな馬鹿な〃頼みもしないのに国は何をやっているんだ、政治家や公務員は、家を売り、貯金をはたき、返せといいたいと思います。多くの人が嘆いております。

少子化はもう20年前からはじまってます。国の借金と少子化、誰も言ってはいないが、そう思えてならない。つまりとても日本に〃未来は希望〃と考えられないからに他ならない。

国も自治体も様々少子化対策を打ち出している。しかし市民、特に若い世代は反応しない。想像外の天文学的借金に、未来の不安は無くならないと思っているに違いない。子どもたちの未来が心配でならない。とても日本では、子どもは欲しいが生めないと考えてしまう。

17　〝廃県〟の政治思想は第二の明治維新に匹敵

新自治体政府では、行政区は4～5と考える。行政区長は公選とする。同時に行政区長は副首相兼任する。

そこで、明らかにしておかなければならないことがいくつかある。

まず、廃県とする政治思想は、645年の大化改新、1868年の明治維新に匹敵すると思ってもらいたい。今日の都道府県は廃する。当然、東京都の解体を進める。首都東京は、現千代田区を新首都とする。現東京都は衆院の小選挙区を2ヶ1にすることで、それぞれ自治体政府を設立することになる。

ここで明らかにしておきたい。明治維新後、新政府の最大政策は中央集権であった。欧米に追いつき追い越せの強い政治思想であった。

明治2年道府県302。明治10年75、明治21年、現47都道府県とし、中央集権化へと突き進んだ。そして第二次世界大戦で敗戦。

18 「廃県置市150」 人口1億2千万~5千万人となる

1．少子化対策。

2．150の新都市の建設づくりを150の自治体政府で競い合う。そこから市民力で希望を生み出す。

3．県税は無くなる。市民にとって、企業にとって減税となる。市民にとって減税はかってない喜びとなる。

4．県の資産を平等に150市政府に分ける。市政府づくりの財源とする。

5．特筆すべきは、首都東京は解体される。財閥解体、大企業解体（全国の支店は本社機能を持つことでさらなる事業発展へ。所得税が、中央政府と市政府とで分配することで、主権在民を具体的に得られることになる。

6．衆参院について。

「廃県置市150」は現衆院小選挙区を2分1にする。比例を無くす。但し、より民意を反映する目的により民主主義を考え衆院1選挙区の定数は〝2〟とする。150×2で300人となる。

19　若い世代に夢と希望がない

若い世代の不幸といえるかもしれない。若い世代に夢と希望がないということは、その国の未来が無いということかもしれない。この国で最も大事なことが失われている。政府も国会も公務員もこのことを全く分っていない。

大借金だけでなく、今の政府は日々戦争への道を歩みはじめている。最も悪いのは、憲法9条を変えると信念を現わにしていることであるし、大戦後の歴代首相が守ってきた過去の大戦への反省、ときどきの首相にもよるが、言葉だけの人が多すぎたのではないだろうか。

村山富市談話、小泉純一郎談話など、心が現われていた。残念なことに、安倍首相の国会答弁を聞いていて〝ガッカリ〟した。大戦の過去についての反省のことばは、全く心が感じられなかった。むしろ大戦70年を経て、今までと異なる談話を決心しているようだ。陛下のお気持ちをお察しして余りあると思いませんか。

ここで改めて付言したい。

20　少子化は 希望の喪失が原因
少子化と亡国はイコールである

さて本題だが民主々義と３つのＣＳＲについて、日本の未来を明るくしたい。未来希望づくりのためのものと知ってほしいからに他ならない。少子化は、国家の存亡に係わることは云うまでもないことだろう。政府発言も、50年後に、日本の人口7800万人と推計した。これは現実として受けとめなければならない。ということは、日本の国力も61％となってしまう。重ねて全ての市民が承知しておかなくてはならない。

政府も地方創生という幼稚としかいいようがないビジョン政策を出し、予算と地方特定の自治体に名乗らせて、あたかもこれからの地方自治体が、これまでと全く違った希望あふれた変改をすることを演出している。メディアも競って提灯持ちの役割をしているように思えてならない。メディアよ！　しっかりして下さい。メディアは金儲けに走ってはならない。政府のおみこし担ぎをしてはならない。例外は東京新聞と地方紙の一部を除く。

21　２０５０年には日本の人口七千八百万人割れ

２０１５年政府公表の５０年後の日本人口は８千万人割れと考えなくてはならない。このことに先立って増田寛也（元岩手県知事、元総務大臣）研究グループが２０１２年の１２月、２０１３年７月いづれも中央公論の見出し〝地方壊死〟に衝撃を受けた。

承知していたとは云え、学問的論文での発表で、２０４０年に日本人口１億人割れがはじまる。地方自治体も消滅していくという増田グループに、先ずは現実論として受け止めたことから、いかにして脱却できるか、私自身の政治テーマとして様々考えを巡らせた。結果は江戸時代に行きついた。

現政府は、増田グループ論文の後、二〇五〇年には日本の人口七千八百万人割れと公表した。小子は、国の存亡になる。これら現状と未来について、真剣に受け止めなくてはならない。

天文学的借金大国に加え、というより故に少子化に歯止めどころか、一気呵成に人口減少へと突き進んでいくでしょう。

22 「ドイツの戦後」を終わらせたワイツゼッカー大統領演説

2015年は、第2次大戦後70年。ドイツでは30余〔1985年5月〕年前ワイツゼッカー大統領が、国会での演説はドイツ全国民の胸を打ち、共感するものでありました。日本人である私も感じたことが思い出されます。2015．2月、94才で亡くなられ、ドイツだけでなく欧州をはじめ、世界中に報道されました。演説の一部を紹介します。

潔く、政治家の言葉として、またドイツを代表する政治家、しかも大統領が第2次大戦におけるドイツの総括したことになります。全国民から敬われ、政治家であるだけでなく、学者、哲学者の評価を得ていて、未来のドイツがこれから先も第2次大戦の責任を様々極解されていくことを十分承知の上で、戦後40年の記念すべき年に後世の国民に向け、世界でのドイツ批判を十分承知の上で、総括したことで、欧州をはじめ、世界にドイツは変わった。大戦後のドイツは変わったとつよく印象づけたことになった。

23　先の総選挙は有権者の65％は政府への信頼に意思表示しなかった

日本では、今日でも心ない自称文化人、マスメディアが悪乗りして右傾化する世論づくりに悪銭稼ぎをしていることに腹立たしい思いで怒りを禁じ得ない。

〝反省するに憚かることなかれ〟と教えにある。大戦における〝真珠湾攻撃〟これも先制攻撃であったし、朝鮮半島、中国との戦争も日本には〝利〟はない。アジアへの進出でも一例だが、２０１５年フィリッピン人で77才の人が、〝日本への思いは忘却の彼方だが、日本軍がせめこんできたことは忘れてはいない〟と一言いったことも、フィリッピン国内の世論として反省しなくてはならない。

ここでとても重要で大切なことをいっておきたい。政府や官僚が決めたことを間違っても、市民の総意と思ってはならない。先の総選挙で（２０１４年12月）自公の与党が３００議席で圧勝という。私は違うと思っている。投票率52％、その内自公での得票率は35％、つまり有権者の65％は政府への信頼に意思表示しなかったということになる。

24 市民が主権の意味を知る

さらに続ける。

２０１３年7月の横浜市長選で、さらに、２０１７年8月市長選、投票率は30％を割った。70％越える人たちが、信任しなかったということになる。

あえて云うなら、民主々義で選ばれたことにならない。いかに投票率を上げるか、いかに民主々義を市民が理解できるか、これからの大きな課題となる。

民主々義、市民が主権、本当にこのことを理解し得る社会をどうつくるか、とても大きな問題です。政権を取るために、首長に当選するため、投票率をいかに上げていくかについて、現職は全く努力しない。何故か。〝投票率が低い方が良い〟と、かって自民党森首相が広言したことがある。見方を変えると、この森発言に一部メディアが批判したが、世論を高めることにはならなかった。

25　市民ひとりひとり、納税者、有権者の意識改革が急がれる

現政権、現首相にとって、投票率が低いことが勝つことを知っている。

このことは、民主々義の否定だし、有権者を馬鹿にしたことになる。とはいえ、日本での民主々義の定着度は、小学生5、6年並みと云われている。

政府や官僚の言いなりの民主々義を見直さないと格差は広がるばかりで、貧しい人たち、年収３００万以下の人たちの生活は成り立たない。

現政権は、消費税８％を2年間先送りしただけで、２０１４年12月。２０１７年10月総選挙で圧勝した。くり返すが、民主々義の原点である市民ひとりひとり、特に納税者、有権者の意識改革が急がれる。今や日本は、危機的状況下にあると信じてくれなくては本当に大変だと思ってほしい。待ったなし、余裕は全くありません。

全有権者の得票率は30％、市民はことに選挙では民主主義を捨てる。もう政治・行政は信用できないが本音。

26 オリンピックが現実逃避の道具になっている

政府は、2020年のオリンピック・パラリンピックに国民の眼を向けさせ、現実から逸らそうと躍起になっている。東京都石原知事が開催に名乗った際には、関心を示さなかった。2016年開催では、ブラジルサンパウロに予定通り負けた。私自身、東京よりブラジルだと、当時ラジオ出演していたこともあって、度々東京はおりるべきだと発言していた。大きな都税を使って、当の石原は人気回復と、いつの日か本人の強い野望であった総理への道を目論んでいたこともあって、政府も、国民も冷ややかであった。都民ですら、圧倒的支持に程遠かった世論調査の結果があった。

しかし、2020年の開催に名乗ったときには、全く政府は違った。政治状況もさりながら、国情、世論対策にもってこいの戦略とした。以来、東京都というより、政府が開催運動の中心となっていった。有名アスリート、オリンピックで金、銀、銅を取った選手を狩り出し、広告塔として実に上手くつくった。勿論、国と東京都の潤沢資金を得て、アスリートたちも豊かな資金（税金）下で、東京オリンピック開催世論を高めるのに進んで役割りを任った。

27 神宮内に超高層マンション建設を断じてさせてはならない

有名アスリートたちは、ＴＶ広告の顔にもなって、個人収入も増せるようになっているらしい。

私はラジオを通じ、２００８年北京、２０１２年アテネ、２０１６年リオ、２０２０年インドと発言してきた。日本でのオリンピック開催は、その後で良いと思っていたからに他ならない。

日本は発展途上国が先であると考えていた。日本は、サポート役に徹していることを世界にアピールする日本のC．S．Rと信じ発言しつづけている立場を貫いてきた主張でもあると思っていただきたい。

ところで、神聖な神宮国立スポーツセンターの建設やその他新設、改修建設会場、加えてこれは阻止しなくてはいけないことがある。それは、神宮内に超高級高層マンション建設とだけ云っておこう。オリンピック開催に泥をぬるようなことは、あっては断じてならない。

28

日本の起死回生策「廃県置市１５０」

29 市民が主権、主権在民がはじまる

そこで私の起死回生策として〝廃県置市１５０〟パートⅡを著作し、世に提言した。他に道なし緊急に決め、江戸から明治への道であった電光石火の勢いを求めて止まない。政治・行政・民間企業、中でも市民ひとりひとりの猛省と決心を切望したい。今からでも決して遅くないとはいえ、ギリギリとは思って欲しい。危機迫る日本。その解決策は〝廃県置市１５０〟である。

市民が主権、主権在民がはじまる。はじまらなくてはならない。政府主導、行政主導であるならば、大企業主導を一気呵成に市民が気づき変えなくてはならない。市民が主役、主権在民とは市民が変わらなくてはならない。大きな義務と使命が求められるということになる。

30　参院は比例を廃止する、世襲は断つ

参院については、より市民の意を国政に、現憲法下の国政は2院制である。市政府（1つの自治体の呼称となる）市長は市政府の首相と呼称する。市首相は、参議院議員を兼務する。よって参院定数は150人。

新自治体に、議会を置く、定数は15人。15人の市政府内議会は、全ての委員会委員となる。今日の自治体議会は年平均90日。実態は、それ以下の日数であるが歳費として年収が決められ、月割りで支払われる。これに日当とか、政務調査費とか様々議員特権がある。市政府議会では、市政府の市首相、議会議員は政党に属さない。政党政治下で、自治体政府での選挙は、政党の推せんは得られない。

現在の自治体では、首長、議会議員は、特に大都市では、政党の公認、支持、推せんで決まる。主権在民、真の民主主義が損なわれている。

現自治体首長では、政党の意を受け易すく、議員も同じく、政党の指示下で、しかも自治体行政と議会は本来車の両輪でなくてはならないのに、一体化されている例が多すぎる慣れ合い行政が行われ、市民に不利益となっている。ここでも世襲を断つ。

31

政治と市民意識革命

―愛・勇気・使命感―

Mother's Mind Sprit

このことは、いつかふれたかった思いがあったので、この際、政治の原点ともいうべき核心について述べておきたい。それはＭｏｔｈｅｒ'ｓＭｉｎｄＳｐｒｉｔ、母心である。これは私の政治信条である。

母親が子を宿したときはじまる母親の子どもへの愛情、そして10ヶ月、誕生、その瞬間から男ごときは出るまくはない。オッパイからはじまって、オムツの取り替え、24時間赤ちゃんと一緒。赤ちゃんは本能で守ってくれている母親に全面的に頼っていく。

私が敢えて言いたいのは、母の子への愛は〝無条件〟、時代はどう動こうと母心に勝る愛は越えられない。見聞きした事例で、出産で母親が癌を発症し、母親の生命か、赤ちゃんを生むかの結論を医師が求めた場合、多くの事例で、母になる女性は、自分の生命より子の出産を希望するという。このことは、今日の事例ではなく、江戸時代の前より伝えられている。

母の自分の子への愛は、自分の生命に勝る。男など、父親など問題にならない、比較しようがない。

32 女性、母親には無条件で崇敬している

私も娘が赤ちゃんのとき、ひどい鼻風邪で私などオロオロするだけで、情けなく、頼りない父親を見せただけであった。妻は気品のある女性と思っている。しかし、その時、とても私など想像できないことを、いとも簡単に口で、娘優子の鼻汁をすすった。それも2回、3回とで、ただただ驚き、尊敬を新たにした。以来、今日でも女性、母親には無条件で崇敬している。

男子たるものといいたいところだが、事、子育てに関することになるとカラッキシ、ダメ親父になる。近年、少子化に突入し、これからも止まることはない。

政府、自治体は競って保育園増設に競い合い、様々支援策を次々に公表し、選挙にでもなると、湯水の如く、保育予算、子育て予算を主題政策としている。その優劣で勝敗も決まってしまう。

私は反対はしないが、意見はある。そのいくつかの例を出して市民に問いたい。

先ずは、家計の問題があって、共働き止むなしの現実があるし、世論もある。

ただし、ローン付けで共稼ぎに大いに疑義あり。

33 自治体公営住宅（耐震百年）を実現する

そこで意見を言いたい。家計費の中で最も大きいと思えるのは、家。ローンとか賃貸マンションとか、住いの負担が大きい、と誰もが応える。であれば定年まで賃貸だ、それも3LDK〜4LDKで収入に応じ、5万円〜10万円に設定した自治体公営住宅（耐震100年）を廃県置市150では実現する。エネルギー100％、食料100％目標とする。80万人〜100万人（現衆院小選挙区制2ケ1）駅、バス停まで500メートル以内では個人住宅は求めない。空き地を取得し、自治体住宅5〜8F建設する。周辺では公営住宅と企業ビル、商業ビル、高さは一定で5F〜8Fの高さ制限がある。無論、周辺に幼・小・中・高校までの施設はある。保育所は公営住宅内に設置する。

この政策には、余裕のある市民の協力、企業のC・S・R無くしては成り立たない。土地は国有地（「廃県置市150」では国有地すべて、自治体政府に帰属する。県有地も当然。無駄な公共施設も対象）お金に余裕のある人たちは都心から郊外る。よって遊休地はある。

34 CSRについて「廃県置市150」では必須条件となる

江戸時代、よほどの冷害つづきにならなければ、食料受給率100%は何のそのであったことも知っていないこと。一つの例だが、沖縄諸島、自然は恵まれ、食料受給率100%は、何の困難もないと知っていたつもりなのに、食料受給率6.5%しかないことを知らないこと、日本人がとにかく劣っていること知っていないこと、などなどである。

私たちの日本は世界に冠たる常識と国のC・S・Rをもつ国であること。例をあげればきりがない。日本は未だ国連に対し貢献度ナンバー2なのに、世界の敵とみなされている。国連憲章で（53条、及び107条。77条の一部）明らかにされている。

国連総会では各国は日本に好意的で、いつでも敵国条項はなくせるのに、常任理事国5カ国で否決されてしまう。第二次世界大戦この70年を超えているのに、いまだ5カ国（アメリカ、イギリス、フランス、中国、ロシア）が独占している専横実態は許されないと強い思いがある。

日本は世界の友好国である。憲法9条で表現し、一億国民の総意である誇りである。

35 国会議員こそ社会的責任を果たす重大な責任がある

国会議員の社会的責任とは、「法人」に対する言葉は「個人」です。では法人にもっとも近い個人は誰でしょうか。それは間違いなく国会議員（Congressman）です。そもそも衆議院議員は、Representativeと訳されてます。Representativeは「代表すること」を意味します。有権者という個人を代表する個人が、国会議員かもしれませんが、であれば国会議員こそがどのような企業法人にも増して社会的責任を果たすべき「法人」で良いではないか。

残念ながら、果たして私が言うように個人を代表する最も重要な立場にある国会議員は、私たち市民が望むものになっているか疑問である。まず世襲であることを否定したい。少なくともさすが国会議員と言える人は、数少ないと云わざるを得ません。政治家の世襲制は民主々義を損なうはなはだしいと1975年以来、いいつづけている。〝政治家を一回やったら辞められない〟という戯れ歌をつくり、酒席で歌う。

36 国会議員は世襲が多すぎる

重ねて言っておきたい。政治家の子弟は親の姿を追う。その上で世襲を望む。なぜか。家には有り余る貢ぎ物がある。親は先生と言われ、敬われていると思う。そして運転手付き、よくわからないがお金も余裕いっぱいに見える。国の内外に公費で旅行できる。新幹線はグリーン車。全国どこでも無料パスがある。跡取りを望む理由だらけである。

37 名ばかりの民主主義から卒業しなくてはなりません

おかしいと思いませんか。市民にはわからないおいしい職業なんでしょう。

しかし民主々義下で議員の役割りはとても重要です。ところが、国会議員は、官僚に丸投げする。第2次大戦後、一貫して民主々義を国まかせ（国会議員、官僚）市民が苦労して支払う（国民の義務）、税金も国まかせ。国会議員もお役人さんも笑いが止まらないのではないでしょうか。

名ばかりの民主々義からそろそろ卒業しなくてはなりません。私は強い気持ちで持論である私の造語である、3つのC・S・Rを築き、育てることで、必ずや日本での民主々義は、大きく変っていくと思います。

市民が変わる。社会が変わる。次世代の青年たちが変わる。中でも女性や子供たちが未来を描け夢と希望ある社会づくりに繋げる。

38 市民の社会的責任 市民の、市民による、市民のための政治〃

私は何度もアメリカ大統領就任演説を読んだ。初代から大統領就任演説に注目してきた者のひとりです。歴代大統領は、フェローシティズンズＦｅｒｒｏ Ｃｉｔｉｚｅｎ'ｓと呼びかけます。このことは親しい市民のみなさんという意味です。市民のみなさんが、この国の主役です。ですから市民のみなさんに大統領4年任期の約束（公約）をするのです。かって、ジョン・Ｆ・ケネディが就任演説でフェローシティズンズと呼びかけ、市民のみなさんは、私、大統領ケネディに何をしてもらうかではなく、この国アメリカのために市民のみなさんは、何ができるか、考えて下さい、と呼びかけたことは有名です。

〃市民の、市民による、市民のための政治〃は、民主々義の最も根幹をなすと云われてます。

今日から私たちも国家の主役は私たちであることを自覚したいものです。議員やお役人さんのいいなりをしないということです。

39　２０１７年度の国家予算９７兆５千億円

２０１７年の予算が国会に出されました。ほぼ１００％この予算は通ります。自公で3分の2を越え、絶対多数をしめているのです。

２０１７年度予算も97・5兆円の内、37・3％は国債の発行。今までの分も含めると約１０６６兆円となります。地方自治体の公債発行高２００兆円です。1兆円づつ返しても、１３００年かかるということです。気が遠くなる大借金です。もちろん世界一です。さらに頼みもしないのに、今や消費税8％、２０１７年4月から10％、年金年令は引き上げています。そして、年金額も減っています。頼みもしないのに、介護保険料。高齢者は強制的に年金から引かれている。給与所得者の全国平均は、４１０万です。

ところが、ほとんどの市民は年収３００万円以下です。年収1億円以上の年収所得者は納税者の数％。かけ離れた格差が生じております。

40 年収３００万が庶民の暮らしの現実

年収平均４１０万といわれてます。１つの例ですが、タクシーにはよく乗ります。そして質ねます。年収は、と聞いてみると３００万円という人が多いようです。60才をはるかに越えている運転手さんは、年金で食べていけない、だから働かないと家族は食べていけないといってます。中小企業や商店ではたらく人たちにも取材します。大方、３００万円が普通のようです。

具体的事例ですが、貯金ゼロ円の人たちは、日本の全世帯の内30％ということを知ってます。

アベノミックスで、日銀は２８０兆円、さらに追加を考えているようですが、政府も年金基金の中から80兆円（全体の３分の１）証券金融機関に出したようです。

41　民主主義というこれに優る政治主義はありません

ところが、２０１４年決算で、ＧＤＰの伸び率は2・2％と発表しました。単純計算ですが、２８０兆＋80兆円＝３６０兆円で、２０１４年のＧＤＰ総額の５００兆円分の３６０兆円として、70％に相当します。にもかかわらず年2・2％、ＧＤＰ増と公表しました。理解に苦しむところです。市民が主役といいながら、市民は全く知らされていない。だから全くわからないままということになります。

今一度言っておきます。負担といえば、介護保険料増額です。医療費も上がっています。食料費も上がっています。弱者は、日々、年々苦しんでいます。消費は伸びないと政府、日銀は嘆いていますが、何故か全くわかっていません。少子化の理由も全くわかっていません。私はそういわざるを得ません。本当に市民は主役なのでしょうか。そろそろ物申すということにならないんでしょうか。

民主々義というこれに優る政治主義はありません。年金生活者や年収３００万以下の市民たち、そろそろ立ち上がり様々の不条理を否定する。

42　民主主義と3つのCSR

民主々義と3つのCSRを理解していただき、大きな変化を望んでやみません。

まだ間に合います。危機的状況であることを知って、みんなで出発しましょう。

私の言う3つのCSR（Corporate・Social・Responsibility）

一つの「c」　法人。あらゆる法人が対象です。
二つの「c」　議員の社会的責任
三つの「c」　市民の社会的責任
これらの三つのCSRこそ21世紀新たな良い社会づくりに挑むということです。」
あらゆる場面で「市民」が変わることの想いです。

43　コーポレート（Corporate）は法人と訳すのが正しい

政府や大企業（政府政策企業）寄りすぎると思えてならない。メディアの役割。私が求める真の民主々義に、努力を惜しむのは許されないと私は思っている。重ねて民主々義と3つのCSRについて説明したい。CSRとは"Corporate Social Re-sponsibility"の略である。私の造語になりますが、Corporateは一般的に企業と訳します。よってCSRは企業の社会的責任ということになります。すでに企業は様々社会的責任を果たしている。最も大きな役割りは、税金を払う。法人税、所得税など、さらに雇用に貢献している。とても大きな社会的貢献となっている。役員、従業員は所得税、県市民税、消費税等、これも社会貢献となっている。故に企業は倒産してはならない、脱税も許されない。

敢えてここであたり前のことを並べたが、corporateについてさらに深く読み解き、corporateをもっと広く解釈した。無論、corporateは企業と訳すのが一般的ですが、それを掘り下げると「法人」の訳が正しい。

〝CSR〟こそ、世界が直面している課題解決に役立つ

次の世代のために、今何を考え何をするるか、自ら考え実行する。どんな少事でもよい。自分が役立つ意識を自ら醸成する。私が言うところの〝CSR〟を知り結果を出す。一日一善でも良い。今日も役に立った、思える一日を過ごして欲しい。

私の言う〝CSR〟本来企業の社会的責任と訳されている。フランスでの〝CSR〟は企業が芸術・文化に寄附する。そのことで税の減免を受けられる歴史をつくっている。

私は〝CSR〟の〝C〟を法人と訳している。よって〝C〟Corporateは、市民生活全てに関係すると理解し、解釈した。つまり〝C〟はCitizen、Congressman、Corporateと拡大解釈し、〝CSR〟こそ、これからの世界が直面している様々な課題解決に役立つと考え、〝CSR〟論を全ゆる機会をとらえて発言している。

〝廃県置市150〟でも、〝CSR〟市民の社会的責任を大きなテーマにしている。

〝廃県置市150〟発議の動機はくり返し述べてきたところである。

44 ＣＳＲ、３つのＣを理解することで新しい希望ある社会が生まれる

〝民主々義〟論は、今さらと誰もが思うでしょう。ところが、日本人は〝民主々義〟を本当に理解しているでしょうか。かって大戦後のマッカーサー総司令官が言ってました。どんなに民主々義を教えても日本人の理解度は遅々として進まない。戦後の傷跡は余りにも大きかったということになる。

しかし、大戦後70年、未だに理解度が悪い。民主々義について改めて衆知させなければならない。私は強く思うところであります。日本は今や危機的状況下にあると思わなければなりません。

将来に希望がもてないでいるとすれば、解決策は1つしかないのではないでしょうか。それは、本当の民主々義を創ることです。今まさに絶好の機会を迎えているのではないでしょうか。本当の民主々義は、３つのＣ．Ｓ．Ｒが必要です。３つのＣ．Ｓ．Ｒは、私加藤尚彦の造語です。「廃県置市 １５０」自治体政府創立。

45　コーポレートの解釈を法人と訳したことで、〝民主々義〟衆知の道へと進んだ

「コーポレート・ソーシャル・レスポンシビリティ」です。私はここで〝C〟つまりコーポレイトについて考えました。一般には企業と訳します。よって、メディア等で、企業の社会的責任ということになります。

重ねて繰り返して言うと、この〝コーポレート〟を〝法人〟と訳しました。そして法人（企業）の社会的責任となります。

コーポレートの解釈を法人と訳したことで、〝民主々義〟衆知の道へと進んだ。

法人と訳すことで、国会議員の社会的責任（Congressman Social Responsibility　コングレスマン　ソーシャル　レスポンシビリティ）、次に法人の社会的責任（Corporate Social Responsibility　コーポレート・ソーシャル・レスポンシビリティ）、そして何より大事な市民の社会的責任（Citizen Social Responsibility）。民主々義と3つの〝C〟が現われた。

今日、その国会議員は官僚まかせ、官僚は国会議員に〝アマイアメ〟をなめさせる。

46 「社会的責任は全ての法人にある」

官僚は自分たちのための必要な法案を通す。そして市民は被害者になる。政治家天国（世襲制）、官僚の天国を創む。法人はお金を使って国会議員と官僚を手玉にとる。これで市民は被害者となる。

いよいよ市民の出番となる。これだけ言えば市民の役割りがおのずと分ってくる。市民は主役への道を歩むことができる。民主々義の誕生となる。

もう少し分析しておきたい。

ＣＳＲはCorporate Social Responsibility。このＣＳＲは「企業の社会的責任」という言葉で、経済誌やメディアの経済記事を賑わせています。

ただCorporateの意味からすると、本来はＣＳＲは「企業の社会的責任」ではなく「法人の社会的責任」とするべきと考えました。法人は企業のみならず、そもそも政府、省庁そして関連の全ゆる団体（特殊法人、独立行政法人、財団、社団、自治体、その関係外郭団体、学校、病院、農協、電力、ＪＴ、ボランティアの法人等の組織が含まれます。つまり「社会的責任は全ての法人にある」ということになります。このことが、加藤尚彦の考え方です。

47 中央集権を解体

結論は天下り、政官業の癒着、そして、中央集権を一切解体する。税金で食べている余裕の人たちを例外なくカットすることである。政治、行政に４０％削減するという大胆な提言である。

具体的には全ゆる中央集権を解体する。財閥解体も視野にある。中央集権解体論。簡潔に言えば、自治体政府を自立し、１５０の自治体政府が競い合い、中央政府を支える。元来、首相公選を考え、主張もしてきた経緯もあり、そのとき、メジャー政党の代表者と自治体政府首相の代表者で争う首相選出選挙でいつの日か、それも直近に実現することこそ民主主義である。但し、立候補には国会議員は50人以上の同僚の推戴、自治体政府首相は20人の首長の推薦、市民たちは１００万人以上の推薦とする。

48 自治体政府創立

自治体政府づくりを創むことである。政府は、地方創生という〝まやかし〟では何も変わらない。地方主権都市自治体政府を創む。その問いに簡潔に応えたい。

150の地方主権都市自治体政府を創む。その問いに簡潔に応えたい。
現小選挙区は全国300。それを2ヶ1、つまり、150の選挙区にする。150の自治体政府づくりである。

政府と呼称する以上、ドイツ、フランス等では地方自治体政府に閣僚つまり首相の幕僚を創設することが望ましい。横浜市を例とする副市長3人、局長及び局長級で数人、40の行政区で18区長、副区長（理事局長級）がある。合計で60人となる。局長、局長級ということは、給与、ボーナス、退職金の共済金、年金、その上天下りならぬ、受け皿、外郭団体が、局ごとに複数つくり、そこの会長、理事長等団体のトップに収まる。2~3年務め退職金を得て、次の外郭団体に横すべりする。自治体政府が創立で、局長級はなくす。行政のトップは課長で良い。役職を多くすると言う手段は、公務員にとって都合がよいということで、市民には不都合である。

49 横浜新市庁舎 1000億円 白紙撤回する

横浜市の借金は、4兆24億円、これからも増えつづける。この際市民に問いたい。横浜市、市長提案で議会も諒承し、すでに、現在の関内駅前から中区北仲通りへ移転計画が決まり、設計・施行竹中工務店に発注し、計画実行に入っている。

私は猛烈に反対である。4兆24億円の大借金で全く返済できない現横浜市の財政で、新庁舎建設に1000億円の借金を上乗せという市長の決定、議会の承認は、全く理解できるものでない。今でも遅くない、白紙撤回を求めたい。当然、現況の蛸足市庁舎解消への解決策について、検証したい。

① 現中区役所を第2庁舎にする。これで500人～700人。中区役所は他の市所有地に新建設30億円。
② 現本庁舎の駐車場の上に5F～7Fを増設する。500人～700人受入れられる。
③ 局の区役所への移転する。
④ 総建設費、改修費合計で100～150億円。

⑤　廃県置市１５０の提議では、横浜市を80万人～１００万人で4都市に分割する。衆院小選挙区2ヶ1で、4区～5区を目安で実施する。現区庁舎を新庁舎として使用する。

勿論、県庁をはじめ県施設を使用する。当然余る。県債返済に払い下げを断行する。もっとも県債は１００年間国庫で凍結を提案しているから、県財産は自治体政府の市債削減に当てる。県債の資産は現状で計算できていない。府県では低く資産見積もりしている。無論参考にする。

50 〝廃県置市150〞では、公務員40％削減

〝廃県置市150〞では、公務員40％削減と考えたい。議会議員も40％削減する提議であることを踏まえ、全く問題として考えていない。足らざるところは市民主権のもとで全ての業務を補なう。

公務員40％削減の目玉は、郵便局、コンビニ、地区センター、学校等様々創意工夫で何ら問題にならない。先ずは、1000億円の大借金上乗せを阻止が前提で、廃県置市150を電光石火取り組むことだ。

51 江戸から明治まで10年で近代化、いまはもっと早くできる

江戸徳川幕府から明治維新政府への道のりは、ペリー来航から僅か10年で実行できた。志士たち多くの犠牲は、今日では全ゆる英知とコンピューター、社会変化を想定すれば、全く問題ない。

1　新市庁舎断固反対の理由は、1000億円の借金建設を認められない。

2　廃県置市150の中で、無用の長物となる。

3　公務員を大胆に減員する。現議会議員全国で3万5千人を2500人に減員する目的がある。

4　中央集権を一切否定する提議であるということについて、全ゆる全国組織を解体する。

ここには財閥解体も入る。代表的なものには、農協解体、漁連の解体、歯科医師会、医師会、公務員の労働組合、大企業の労働組合、つまり労働組合通称連合も例外でない。

このことで、市民主権へと歩みだす。

52　中央集権から地方主権への変革

さて廃県で失われるものは何もない。中央集権解体、地方主権に変わるだけである。廃県で、県税は不必要となり、県の全ての資産は、自治体政府に移行される。市民の力を増すことになる。

〝廃県置市　150〟はくり返すが、中央集権から地方主権への変革と考えて良い。自治体政府は、県の全ての資産は、150の自治体政府に移行する。県が負っている負の資産、県債は全て国へと移行する。少なくとも100年間一切の県負債は凍結する。警察、教職員は国家公務員となる。市自治体政府の中で、行政指導の中での勤務とする。県職員は市自治体政府の職員となり、失職しない。

江戸から明治へ移行で大名の借金は、一切棒引し、金貸業の札差しを泣かせた。但し、ゼロではなく様々で補いはしたとしている。

国の中央政府と150の自治体政府と協調し、日本が未来に向って市民が希望あふれる社会へ向って前進していることを実感できる。この政治を一歩そして一歩と前進あるのみと考えたい。

55 欧米に日本を認知させた「明治維新」と近代化

少し脱線したが、小池新都知事は、悪政の歴史をつづけている都政刷新に大ナタを上げつづけることを願うばかりである。

私の〝廃県置市150〟では、新都庁を度々仰ぎ見て、悪の象徴としか思えない。今の東京都は中央集権という巨大なバケモノと思えてならない。政治・経済、全省庁傘[illegible]外郭団体その数、誰も予想できない数で、税金タレ流しはもうご[illegible]い

明治新政府の高い理想と上[illegible]なく全ての官僚が一心で新しい世の中を創設[illegible]名誉と威厳のなんたるかを兵子と国民に与え、果敢に日々新秩序の創設とペリー来航で欧米との差を歴然と知るにつけ、他のアジア諸国、隣国中国の実態を知るにつけ、二の舞を避けるため、国も国民もひとつになること。欧米に追いつけ追いこせ、そのために中央集権を完成させる。明治21年に47都道府県を決めた。

国内全ての権力を東京に集中させた。そして日露戦争で結果を出し、欧米で日本の存在認知させた。

56　日露戦争の勝利で、軍部は勘違いし日本を戦争の道へ

日露戦争で、軍部は有頂天になり、欧米に追いついた、と考えられない勘違いをし、国民にも植えつけた。ここから日本の国力はその殆どを軍事力に向けていった。国内では大変な格差がはじまった。軍と軍に関わる財閥づくりの初めの様相が生じていった。

それでも国会は生まれ、政党も生まれ、一応の体制も生まれつつあった。しかし実際は、欧米とは全く異質で、最も大事な民主主義は育っていかなかった。選挙権も男だけ、それも高額納税者で衆参院ではなく、衆院と貴族院を創った。国民は高い納税と物価高で大変な貧しさを強いられ、それが5・15事件、2・26事件へと連鎖を起こし、結局それも、軍部の強権で、天皇の名の下でうやむやに終息してしまい、そして第2次大戦へと突き進んだ。そして広島、長崎の原爆投下で敗戦、そしてマッカーサー統治下で男女同権。女性の参政権、投票権付与、農地解放、財閥解体、明治新政府が必死に築き上げた〝中央集権〟にメスを入れた。これで特権階級を排除したことで誰にもチャンスを与えた。

民主主義、主権在民を宣言し、新憲法を占領軍と日本政府で発布した。その後についてては特筆すべきことだけ申し添える。

朝鮮戦争、ベトナム戦争で日本は飛躍的経済発展を遂げた。以降神武景気と○○景気とか有頂天で政府も国民も舞い上がり、所得倍増論とか、列島大改造とか、挙げ句に、アメリカの象徴である　　、ハリウッドを買って、アメリカ国民の反感を買い、日本の電器製品とか自動車など打ち壊しの映像がＴＶで流れ、結果日本のバブルが一夜にしてはじけてしまった。日本の超バブルで、不動産中心にアメリカをも買い取るなど途方もない不動産ボケの輩のために、あのアメリカを本気で怒らせてしまった。アメリカあっての日本であるのに忘れてしまった。大ツケを国民が負うというハメになってしまった。

57　1200兆円超えの借金大国日本

毎年の国の予算を自治体予算は、国債・公債に頼りつづけ、今や1200兆円超えの借金大国日本になってしまった。そして、未来に希望をもてなくなったことで、少子化がはじまり、その勢いは止まらない。政府も50年後の日本の人口は8千万人割れを公表した。八千万人の人口で65才以上が60%となると、年金その他社会保険の存立はあり得ない。

無責任歴代内閣に本当に怒り狂いたくなる。勿論私ばかりでない。やたらめったらに、子育て対策、保育園の充実、地方創生論と笛吹けど国民は馬鹿で決してない。抵抗手段として、選挙に行かない、物は買わない、アベノミクス三本の矢、いづれも失策となっている。現代の日本では、TPPも命取りになりかねない。私はそう思えてならない。

日本は憲法9条を平和国家日本語表現し、国際社会で理解を求め深める。そして国連ジョウコウで1時でも早く敵国条項の廃棄を堂々と求め続けなければならない。国連への供出国貢献・世界の最貧国への支援。あらゆる世界貢献を主張し、結果を世界に伝達し、加えて日本という国の伝統文化の実態を広く伝え、世界の若者に心を動かす日本を知らしめる。私はそう思い始めて行きたい。

58 江戸二七〇年の知恵に学ぶ

江戸３００藩は今日でいうところの自治体を想定した。３００藩は、自然災害で痛めつけられても乗りきってきた藩の力は敬服に値すると常々学んできた。士農工商という身分制度の中で、それぞれの立場で生活を維持しつづけたことは驚嘆に値すると評価していた。

殿様の能力も千差万別であっても、ともかく生き抜いてきた。参勤交代という過酷な負担を強いられながら、創意工夫で生き抜き、その上で、藩校を設立し、士分の者に勉学を奨励し、藩内の住民には寺子屋等で学ぶことを、いわゆる〝読み、書き、そろばん〟を励ました。

徳川幕府２７０年、藩のとり潰しや勝手な理由づけで減封、移封等の仕打ちは日常茶飯事の中での藩政の努力は、今日の地方自治体は殆んど学んでいない。国も自治体も財政足らずとなったとき、決まって新税を市民に課す。知恵・工夫も努力より新税。ふざけるな！　と言いたい。

59　増税は市民生活を圧迫するも、市民は笛吹けど踊らず

国では、消費税を3％↓5％↓8％↓10％。介護保険40才で支払いを強制する。自治体も国の新税に反対しない。自治体も国からおこぼれがあるのをいいことに〝ほうかむり〟みどり税をはじめ、許される、認められる全ゆる手法で市民にとっては増税となることは、充々承知で市民に課す。市民は本当に人が良すぎる。

その上、赤十字、ユニセフとか災害見舞とか、やはり市民に課す。こんなことばかりだから、市民は先行き不安となる。さらに日銀黒田はアベノミクス推進派のドンを自任しているから第2次安倍内閣の目玉経済政策物価2％上げた。即応し250兆円供出した。

しかし、これを笛吹けど踊らず、市民は全く乗らない。2％の物価上昇は、市民先行きを圧迫するし、その上消費税を引き延ばしているが結局10％に増税することを分かっている。市民のフトコロはさらに固くなり、物価2％上げに抵抗している。

あまりにも市民生活の現状を知らなさすぎる。市民は1円、10円に毎日の生活で必死である。庶民の生活は、年収300以下の人たちが多い。これが実情である。物価2％を上げる冗談じゃない。便乗値上げもあって、実情はさらなる物価高を誘発している。

60　ひとつ心で日本の未来と世界人類の平和と倖せを築きたい

これら私の提議は必死である。みなさんも同じ思いで理解を望みたい。みんながひとつ心で、日本の未来を築きたい。世界人類の平和と倖せを築きたい。

思うに私は氏神様への参拝が日常である。そして、日本の未来そして世界人類のことをひたすら手を合わせ願っている。そして私自身何ができるか問いかけ、決意を述べている。願うことで叶うなら毎日何度でも手を合わせる。神頼みは、最大限努力して後叶うものとよくよく承知している。手がしびれんばかりに柏手をうつ。悲願が大きければ大きいほど叶うことは遠い。全て承知の上で、日常氏神様にすがるばかりできっとお怒りであると思っている。

氏神様には、努力に努力を重ねた上で成し得ることも十分承知している。

61　多党化の弊害を断つ

ここで大胆な提案となるが、現政界では多党化過ぎる。このことから市民有権者を民意と勝手な理由でより混乱させる要因となっている。

もうひとつの大胆提案は、廃県置市150下での選挙では、欠員について補欠選挙はない。自治体政府の首相が何らかの理由、病欠、死亡、その他理由で任期途中で辞職すると、補欠選挙が行われる。国会議員でも、小選挙区で選出された議員（比例選出議員の場合、欠員が出た場合、比例順位次の者がくり上げ当選することで補欠選挙はない）に限って補欠選挙となる。2016でもいくつかあった。直近では2016．10月投開票で、東京10区、福岡6区であった。

これら補欠選挙は、年間大変多い。国、自治体とも大きな財政支出となってしまう。その解決として、〝廃県置市150〟では、自治体政府首相の補欠選は行わず、アメリカの大統領が何らかの理由で空席となると、即副大統領が残り任期に就く。このことを私は導入する。

62　市政府首相任期は4年。首相兼任

議会議員については、全市15人の選挙で選出されるから、現職が失職したら、残りの任期を落選した候補者から上位順にくり上げる。ただ参院では、憲法で6年任期、3年ごとに半数改選となっている。自治体首相の任期は4年。故に参院任期は4年と改訂する。もちろん半数改選は必要ない。同日選挙を参院は自治体首相が兼任。否定すればすむ。

〝廃県置市 150〟では、市政府首相任期は4年。参院議員兼任となっている。よって参議院任期4年とする。そのため衆参同一選挙は禁止し、つまり、自治体首相任期にダブらないようにする。こと選挙制度導入を大きな課題とした理由は、欠員選挙は、投票率が悪い。自治体首長選でも投票率40%を超える例はない。

つまり、民主主義で選任されたことにはならない。たとえば、横浜市長選は、7月選挙で、投票率は30%前後、有権者20%にも満たない。直近の東京都知事選で小池百合子圧勝した。すべからず、日本の民主主義は理解が困難である。自治体議会議員も同じで、欠員が生じた場合、当選20人以下の得票数順にくり上げにする。

63 行政側への提議

自治体首相は、市民の市民による市民のための政治を専心する。人智を越える能力発揮を求めるものである。

市首相は、4年の任期で、結果を出さなくてはならない。その決算は議会の責任である。議員は、行政の決算に厳しく対応しなくてはならない。今日では全ての自治体でなれ合いである。断じて許されない。たとえて言えば行政と議会、東京都政の例で説明はいらない。つまり、慣れ合いで、行政側から出た予決算案はフリーパスである。若干慣れ合いで少しの修正がある。市民、納税者、有権者抜きが行われている。

〝廃県置市150〟では行政側と議会は車の両輪でなくてはならない。依って、議会議員選挙で候補者は、国政の政党候補は禁止とする。オール無所属。

行政側とのなれ合いを絶つことからはじまる。自治体政府首相も議員も政党推せんを取り付けられないので、行政と議会の関係は一変することになる。

議員は正に市民の代表者である。市民にのみ眼を向けることである。でなければ、次は無い。つまり落選ということだ。

64　お百姓という言葉の由来は百の技術、百の姓を持つ

次に〝廃県置市150〟超目玉は、食料受給率100%、エネルギー受給100%、特に教育には、150の自治体政府で競い合う。少なくとも年2回学力テストを実行する。

改めて農業について、市民は相当の意識改革をしなくてはならない・お百姓=農家、お百姓という表現で見下げたり、ドン百姓という心ない輩というより〝バカ〟がいる。とんでもないことで、小さいとき親からお米一粒も残すことを許されなかったお百姓さんがどんなに大変な努力をしたかを教えられた。

お百姓という言葉の由来は、百の技術をもっていないと良い農家とは言わない。百の姓を持つとも言われる慕う人を言うと教えられた。

百の姓を持つ人、百の技術を持つ人、艱難辛苦、何がいつ起こっても、ひたすら立ち上がり次に向かう。今日のご飯、明日のご飯、未来のご飯のため、努力忍耐で乗り切る。農業は見よう見まねでは続けられない。日の出から日暮れまで、曜日は関係ない。ただただ頭が下がる。

65　中央政府とは皇居があり、国会の所在地

〝廃県置市１５０〟

中央政府（千代田区・新宿区）皇居あり、国会あり、行政府あり、東京駅あり、そして首都東京となる。

他は、小選挙区2分1で新自治体政府となる。中央政府と１５０の自治体政府（と呼称する）とで日本再生に邁進する。競い合い内政、外交に力を出す。

〝市民の市民による市民のための政治〟を市民ひとりひとりが意識し、それぞれが、ＣＳＲ―Ｃｉｔｉｚｅｎ Ｓｏｃｉａｌ Ｐｅｓｐｏｎｓｉｂｉｒｉｔｙ、市民の社会的責任を果たす。

市民が今日すごす地球危機状況を知り、ほっとかない。自分たちの問題として何ができるか自問自答し、先ず地域で、会社で、現役世代も、ＯＢ年金生活者共にひと事でないこと真底思い、何ができるか、今日から始めてほしい。

66 〝CSR〟こそ、世界が直面している課題解決に役立つ

次の世代のために、今何を考え何をするか、自ら考え実行する。どんな少事でもよい。自分が役立つ意識を自ら醸成する。私が言うところの〝CSR〟を知り結果を出す。一日一善でも良い。今日も役に立った、思える一日を過ごして欲しい。

私の言う〝CSR〟本来企業の社会的責任と訳されている。フランスでの〝CSR〟は企業が芸術・文化に寄附する。そのことで税の減免を受けられる歴史をつくっている。

私は〝CSR〟の〝C〟を法人と訳している。よって〝C〟Corporateは、市民生活全てに関係すると理解し、解釈した。つまり〝C〟はCitizen、Congressman、Corporateと拡大解釈し、〝CSR〟こそ、これからの世界が直面している様々な課題解決に役立つと考え、〝CSR〟論を全ゆる機会をとらえて発言している。

〝廃県置市150〟でも、〝CSR〟市民の社会的責任を大きなテーマにしている。〝廃県置市150〟発議の動機はくり返し述べてきたところである。

67 政治を永田町から奪還する

国民・市民は、ただ日本壊死を座して待つのみかと反問しつづけ、そして結論を出した〝廃県置市150〟、中央集権解体である。政治の一切を永田町に委ねることを直ちに閉じなければならない。

安倍政権が、国会の3分の2得て憲法改正するという論外な現実に対して私は反論した。今の選挙制度では、有権者の20％で3分の2を得られる。全く民主主義とは、とても思えない。首相がしたり顔で圧倒的勝利して市民の理解を得たと公言しているが、全く間違っている。市民の60％以上は、承認していないことを知った上で、謙虚に置かれている立場を受け止めなければならない。謙虚な政治を求めたい。

農水省では、現自給率39％を平成39年までに45％と公示している。これでは、どうにもならない。自給率100％について聞いてみたが、全く考えていないという。もうすでにはじまっている。地球温室化による自然災害は急を告げている。世界的現象と思わなくてはならない。巨大とか超とか付く自然災害は後を絶たない。年々巨大化していく。農地が失われ、自然破壊も頻発度を増している。危機感、危機意識を強め市民共通の難題として受けとめなくてはならない。

市民生活の中で、あらゆる空き地、屋上、公共用地の一部、とにかくあらゆる場所を農地として、あるいはエネルギー源として考え実行する。小さいときから食糧づくりを学び、生産力を上げる。現状では休耕地、休田40万《ヘクタル》という。即農地に戻す、自給100%どころか200%を目途に輸出、あるいは最貧国への貢献を考え、実行しなくてはならない。

「廃県置市 150」の主要政策である。

廃県置市 150では、中央政府と150の自体政府が共に内政・外交に力を出し合うことを求めたい。中央政府はODAを始め国際協力銀行・JAICAーさまざまに惜しみなくお金と人を送り一定の成果をあげている。はっきり言わせてもらうなら、数倍、数十倍の結果を強く望みたい。できる、できますとも。その上で150の自治体がアフリカの各市町村と友好関係を築き、資金支援、農業支援、教育支援、やれることは何でもやる精神を高めてもらいたい。

68

教育のマザー・テレサ探し、秋田県に学べ

69 〝モッタイナイ!! を日本から〝

—今は亡きマータイさんに捧げます—

モッタイナイ運動をご存じでしょうか。2004年ノーベル平和賞を受章された、ケニアの環境副大臣ワンガリ・マータイさんが提唱されている活動です。

私はモータイさんの〝モッタイナイ〝運動に賛同します。

□謝辞

2005年2月21日昭和女子大学人見記念講堂で開催された「マータイさんといっしょに私たちの地球を考えよう」の講演のようすを掲載させていただきました。掲載を承諾していただいた昭和女子大学に感謝いたします。

2005年2月21日、ワンガリ・マータイさんの講演（昭和女子大学人見記念講堂）より

70 メキシコの国連女性会議で貧しい農村女性の話から始まった

30年前（今2015年、40年前）のこと。メキシコの国連女性会議で何を話すか、小さい部屋で仲間たちと打ち合わせをしたときです。農村部の貧しい女性が、自分たちの苦しい生活のことを訴えました。

「村にはきれいな飲み水がない。食べものも少ない。火をおこす薪も足りない。お金がないので学校で学ばせたり、制服も買ってあげられない」

当時、私は、ナイロビ大学で教鞭をとっていましたので、このような境遇ではありません。「私たちにはどうすることもできません」と答えるのは簡単でした。

けれども、私は彼女たちの言葉に真剣に耳を傾けたのです。話を聞くうちに農村部の土壌が劣化したことが原因だとわかりました。そこで「植樹はできますか、皆さんで木を植えることはできますか？」と聞きました。木を植えれば薪ができます。エネルギーが手に入ります。土地を緑化すれば、土壌の浸食を食いとめられます。再びきれいな水が戻るかもしれません。アフリカでは木の成長が早いので、もしかすると木材を売ってお金を稼げるかもしれません。しかし、女性たちは「植林なんか素人にできるはずがない。大学で専門に学ばないと方法さえわからない」と答えました。そこで、専門業者の指導を受けて木を植えようということになりました。

71 自分たちの手で木を植えることに、最初のわずか七本が、今では3千万本に

しかし、専門家の話はとても難しく、私たちにはとてもできそうもありません。

「私たちは種をまけば芽が出て、作物が育つことを知っている。とりあえず、そこから始めましょう」

挫折しかけた彼女たちに向かい、私はそう言いました。自分たちの手で木を植えることにしたのです。種から苗木を育てて、それをいろいろな場所に移植しました。

最初に植えた木は7本、それが今では、3千万本を超えました。今この瞬間に誰かがどこかで木を植えてます、参加者も、3人、5人、10人と増えつづけ、何万人、何十万人の人たちの活動になりました。

72　死んだ土地が10年で蘇った

小さな活動は徐々に大きな運動になりました。最初は私や経験を積んだ女性たちが植林の方法を教えました。やがて、教え合うグループが次々と生まれ、結果6千人以上のグループができました。最初は、自分の家だけでしたが、もっと大きな土地へと広がっていきました。何もなかった土地が10年で一変しました。緑が増えたのです。草や木が繁り、そして、鳥たちが戻ってきました。走り回るウサギも見れるようになりました。木陰ができ、空気がきれいになりました。

やがて川が生まれました。自分たちの土地がドンドン変わっていくと知りました。もっと木を植えよう、一生懸命やると木は増え、川ができ、生活を取り戻すことができるようになりました。わたしが、今ここにいても、多くの人たちが木を植えております。1本植えることからはじまって、3千万本、そして1億本と目標がドンドン大きくなっていくと信じてます。

73 「もったいない精神」で資源を再利用する

大切なことは、使う資源は削減し、使ったら再利用することです。

木を植え森ができ川が生まれ、飲み水、たき木が心配しなくてよくなり、畑もでき、子どもの教育にも心配がなくなると、自分たちの生活、子どもたちの将来、そして国が安定していくと学びはじめられるのです。

日本に来て「もったいない」と言葉の意味を知りました。3つのR：リデュース、リユース、リサイクル（減らそう、再利用しよう、再生しよう）と運動をはじめています。しかし、日本であたりまえに使われている〝モッタイナイ〟がどんなにすばらしい習慣かを知り、これこそ、〝3つのR〟だと知りました。

私は、帰国後、〝モッタイナイ〟を世界に呼びかけます。世界で〝モッタイナイ〟が知られるようになり、実践していくと、世界の環境問題の解決に大きな役割りになると思います。「みなさんも〝モッタイナイ〟をさらに日本中にひろげて下さい。期待します」

74 〝MOTTAINAI〟を世界へ

私は固く信じてます。とりあえず、良いことと思ったことを直ぐ実行するということ、とても大事なことです。

私たちは、小さい行いが、世の中を良い方向にもっていくことになり、たちまち数100万人に伝わっていくことをお互い信じたいものです。


ワンガリ・マータイさんの言葉は、私、加藤尚彦のMother'sMindSpirit・NoDropoutisPossibleに通じると強く感じました。モッタイナイ！！　これこそ今まで政治に欠けていたこと、これからの政治に必要なことではないでしょうか。

ワンガリ・マータイさん、お弟子さんたちのCSR：モッタイナイの言葉を世界に発信する。したい——との発言をかみしめたいと思います。

75 読み・書き・ソロバン・英会話

加藤尚彦・教育のCSR：コミュニティスクール　寺子屋論（教育へのCSR）

No Drop out is Possible ～ひとりも落ちこぼれを出さない

私はこのフレーム　Non Drop out 〝ひとりも落ちこぼれを出さない〟これが教師の最低限の教育意識でなくてはならない。教師はクラス担任した全員の生徒に眼をくばる。生徒は教師に頼ってます。学校には、校長、副校長、学年主任など学校全体、教師全員、父兄も学区内の居住者全ての人たちが、私たちの学校では子どもたちが大切にしなくてはならない。落ちこぼれゼロ、いじめゼロ、地域社会のシンボルが学校との認識が求められ、必要とされる。

学校が地域のシンボル、誇りとなることが地域の快適な社会づくりに大きな役割りとなる。

76 教師の資質は生徒を自分の子供と考えること

落ちこぼれの子どもたちを生むことなど〝モッテノホカ〟〝イジメ〟など〝モッテノホカ〟。教師の務めは、子ども、つまり生徒を預かり、無事に成長させることとなります。生徒の人生にかかわることができると思ってくれなければなりません。1ヶ月経ち、6ヶ月経ち、1年たちますと、新学期の担任したクラスの生徒たちは見違えます。そんな教師を願い求めたい。

先ず教師の質、資質が大事です。生徒への愛情がなくてはならない。自分の子供のように愛する。ひとりひとり受持ち全員に深い愛情と、絶対に断じて落ちこぼれを出さない、と同時に才能、能力をもつ子どもたちをさらなる能力、才能を引き出す。そのために、私は公務員、その中でも教師には採用から2ヶ年有給で海外教員ボランティアを義務づけたい。公務員には、公僕心を、教師には海外の子どもたちと接し、〝ことば〟と生徒ひとりひとりといかに接することが教育に役立つかを学び、身につけてもらいたい。きっと想像以上の体験となり、帰国後、海外ボランティアの経験と、今後の教師人生について書き残してもらいたいものだ。

77 教師は聖職なり

私は、教員を聖職と思っています。海外ボランティア2ケ年。1ケ年ずつ2回赴任する。2ケ国の〝ことば〟を学ぶことができる。きっと心身とも大きな存在として、生徒に接することができるのではないか。

「後述しますが、生涯国語教師〝大村はま先生〟のことにふれる。」

加藤尚彦教育CSRⅡについて。

学校給食を小中高と考えています。小中高一貫教育の推進の必要性を緊急課題としているところです。

目的は、下の生徒が上の生徒を、上の生徒は下の生徒に文武両道を共に学ぶことの重要性を知っているからに他なりません。

さらにいえば、教育の公平。教育の民主々義の観点から、給食について、その殆んどの食材を教師と生徒でつくり出す。つまり生徒と農業が大きなテーマにした学校教育を考えているところです。

78 教育の不公平には怒り心頭

天変地異、災害の巨大化はもう止められません。1000年かかって築いた農地を風水害で流出させてしまっている現状を緊急に迫っていると思わなくてはなりません。

水と食料問題は、世界の、日本の直近課題となってます。学校給食も自分たちの食料は自分たちで耕し、生産する。このことも学校教育の緊急課題だと思ってます。

加えて、加藤尚彦の教育のCSRでは、教育の不公平には怒り心頭です。ひとつ例ですが、東大入学者の80％が親の年収1000万円以上です。何故なら、平均値でいうならば、親の平均年収410万円であれば、教育費（公立学校経費を除く）10万9千円が限度と云われている。年収1000万円以上であれば、その10倍を学校外の教育費(家庭教師、塾、予備校等）教育にこんな不公平、差別があってはならない。

教育に係わる不公平は、犯罪だと云っても過言ではない。よって教育のCSRでは、学校外での金持ち優遇は許されない。早い話、年収1000万円以上の家庭の子弟は、国立大に行かせないではいいんでないかと思うときもある。

79　大村はま先生、日本教育界のマザーテレサ

次の加藤尚彦：教育のＣＳＲは、生涯ひとりの国語教師を貫いた「大村はま先生」の紹介です。

大村はま先生は、１９０６年、横浜元町にクリスチャン教育者の家の子として生まれる。１９２４年、横浜の捜真女学校卒、東京女子大卒、長野県立諏訪高等女学校をはじめとして、戦前戦後、実に73歳まで52年間教壇に立った先生、大村先生はこの間に大村はま、母校捜真、東京中高で、大浜国語論というか、生徒それぞれの教育に務めた。私は聖教師大村はま先生を〝教育のマザーテレサ〟と呼称しています。

先生が教鞭をとられて〝大村単元学習〟を成し遂げた。その足跡について、横浜元町小学校、横浜の捜真女学校その他数々あります。中でも四国の鳴戸教育大学では、大村はま先生の〝単元学習〟の偉大な教育に大学上げて評価し、殆んど全ての書籍を大学内に、大村はま文庫として残されています。何故鳴戸教育大かについては、少し述べておきたいと思います。

80 〝大村単元学習〟の偉大な成果を収めた鳴戸教育大

大村はま先生について、知ったキッカケがあります。98才で亡くなるまで、生涯ひとりの国語教師を貫き通したとNHKで報じられたことを知ったのは、2005年4月客員教授をしています、タイのアジアスカラー大学から帰国のため、コーン県からバンコクのホテルに泊った翌朝、習慣でNHKTVを入れた。アナウンサーからのニュースは大村はまさんが亡くなったニュースであった。アナウンサーの声は涙声であった。悲しい切ない放送をしていた。残念ながらその朝まで大村はまさんのことを全く知っていなかった。しかし横浜生れと云った。なおさら自らの無知を恥じた。帰国後国会図書館で調べた。そして、元町小学校捜真女学校で、それぞれの校長先生から誇らしげに大村先生のことを聞かされ知った。

そして、先生の蔵書、資料の殆んどが鳴戸教育大学、そこには世羅博昭教授がいました。私が訪ね歩く殆んどの人が、鳴戸教育大の世羅教授を訪ねることをすすめてくれました。私は、大学に連絡し、大学を訪ね、世羅教授と会い、教授が、日本の国語論を語るなら問題なくここに蔵書されてます。ご案内します、ということで、コーナー、コーナーで大村国語論をお教えていただきました。

81 全国小・中生の学力は、秋田県、福井県が1位、2位を競う

解かりやすくいうと、大村はま先生の単元教育は、生徒ひとりひとり、理解力が異なる。早い子、遅い子がいます。その差はあってあたり前で、教師は理解の差を知って教壇に立つべきということになります。

この教育論こそ、私が長年いいたかったことでした。

ここでふれたい。全国小・中生の学力について、国、算、理、社の結果だが、秋田県、福井県が上位、1位、2位を競っている。

私たちの横浜市10年、横バイ状況、それも全国自治比やや50％超え状態から脱しない。

理由は簡単。問題は教師にあると断言する。多くの教師と会うが、ひとりとしてこの状況を知らない。教師になって高い給与取り、春休み、夏休み、冬休みと、他の公務員より全ゆる面で優遇されている自覚がない。

落ちこぼれの子ら、いじめで苦しんでいる子ら、様々子どもたちにも苦しみがある。

82 教師よ、子どもの将来を預かっている責任感と自覚を

教師の務めは使命感が何より大事だと思っている。am9～pm5出勤のサラリーマンとは異なる。将来を任う子どもを預かっている責任感が強く求めたい。教師よ、しっかりしろ。秋田県の教師を見習いたまえ。時間外は勿論、休日返上で様々と対応し、日本一を日頃強い意識で考え行動している。教師の務めです。

私は、在住の横浜市の子らに全国レベルを教え、なぜ秋田県が、福井県が毎年全国学力テストで1位、2位であるのか教えたい。横浜市の教師にも夢や希望を燃やして子らに接していることを知っている。しかし数年でやる気をなくしてしまう。教師が多くなってしまう。理由は教職組合があって、そこでの組合活動の実績上位の者が早く立身出世することを知っているから、生徒に向き合うより、より積極的に組合活動に精を出す道を選ぶようになることを市の教師達から多く知らされた。

83　イジメは犯罪である

生徒を守る。このことは決して忘れてはならない。親の子供への虐待という犯罪など重刑相当であるといつも思っている。強い怒りが止められない。虐待死、僅か数年で出所するという。耐えられない思いとなる。

学校での〝いじめ〟犯罪である。〝いじめ〟でなく犯罪として扱うべきである。たとえ子ども同士でもと思っている。〝いじめ〟などという表現が間違っている。暴力・犯罪と極めつけあってはならない。事実が分かれば、即退学が望ましい。暴力犯罪を受けた子どもの気持を様々想像し痛ましく思い、何んとか〝いじめ〟暴力犯罪者を特定し、なぐりつけたい気持ちになる。事実自殺する子どもが後を絶たない。親が気づき、教師や校長に相談する。大概、教師も校長も何もできない。

84 わが娘の「イジメ被害の経験」を話そう

私は、娘のことで経験している。娘がときどき自室で泣いている姿を知る。そして一生懸命に聞き出す。わが妻は、ときには娘を学校に行くのを休ませ、娘と美術館に行ったり、映画を観たり、昼食に楽しい食事を摂り、気分転換に全力で取りくんでいた。

翌日娘が気分を良くし、学校に行ってくれる。学校まで妻か私が送る。〝やられたらやり返せ〟パパとママが味方だよと校門で諭す。それでもその夜気になって、気になって娘の部屋をそっと気にする。泣いていることがわかるともう我慢しない。夫婦で学校に行く。校長室で向い合う。そして担任を呼んでもらう。

私は言う。娘がいじめられている。名前を言う。この場に連れてきて欲しい願う。

校長先生と担任の前で、いじめが止まなければ、いじめのガキの両親を呼んで下さいと頼んで、1回はまかせる。また娘が泣いているのを目撃する。当然気になって、気になって、居ても立ってもいられない。娘の一挙手一投足気にしているから、またまた娘がいじめ受けたことを知る。直ぐ校長室に向う。担任を呼ぶ、事実を話す。直ぐ両親を呼んでほしい、いじめのガキも呼んでほしい、と話す。

両親の前で、校長、担任の前で、いきなり私がそのガキを殴ると言う。校長も担任も呼ばない。押し問答となる。結局、本当にまかせてくれと言う。それを信じ帰る。そして、いじめが止んだ。

85

親は我が子を「イジメ」から必死で守れ

私の経験である。私たち両親も娘も望んだ学校、辞めさせ逃げない。転校など考ええない。そのくそガキを退学させる決心で臨み、そして解決した。ひとり娘を守る。必死である。娘は、そこそこ勉強はできた。いじめの原因は、おっとりしている。運動会で足が遅い。リレーともなると、娘のチームを嫌う。そんなところだろうと承知もしていた。足の早い遅いは努力はするが、しょうがない。娘の徒競走は幼稚園時代もいつもビリであった。しかし幼稚園時代はそれでも皆んなが応援してくれた。娘の名前を呼んでくれて、ガンバレガンバレと言ってくれた。娘もその応援に応え、手を振ってそしてビリ着。そんな経験もあった。娘は足が遅いことを恥じてはいない。

人に負けない努力を様々としている。国語力では全国でも有数の結果を出している。妻・桂子は政治家の妻で忙しい。しかし、こと娘のことでは最優先で一緒に勉強する、遊び、楽しむ母の愛情を強く受け止めている。絶対的味方がいつも一緒だからくじけない。

86 コミュニティスクール法案で地域の意識を変える

私は衆議院議員1年9ヶ月で、新幹線の禁煙化、学校敷地内禁煙、コミュニティスクール法案の積極的とり組みを誇りにしている。

コミュニティ法案については、熱心であった。全国行脚もした。自治体を600以上歩いた。マッチポンプ悪い云い方は承知している。

自治体を訪ね、市長、副市長、教育長に面談申し込み、話す。コミュニティ法案を通したい。地域社会の中の学校と位置づけるという法案である。

学校というアンタッチャブルという印象から変えたい。地域の中の学校、地域みんなで学校、小学校、中学校を意識し、関心を持っていただく。学校、生徒に関心を向けてもらう。

〝いじめ〟という暴力犯罪とか、不良への人生を歩むことになってしまう。早く芽をつむことが大事である。子どもは、国の宝と言う。私もそう信じている。

87 子どもを大切にする、お母さんを大事にする、女性を敬《うやま》う

今や、国も自治体も、子育て手当て、支援、様々の名目をつけ、議員は、有権者にひたすら媚びる。私が言うところの子どもは、国の宝とう思いと全く異なる。媚を売る政治は好まない。むしろ軽蔑に値すると言っておこう。

子どもを大切にする。お母さんを大事にする。女性を敬うこのことが私の信条である。地域社会で守り抜く、とても大事な子育て論と信じて止まない。コミュニティスクール、正に地域学校づくりが廃県置市１５０の目玉のひとつである。

特に小・中・高一貫教育が望ましいと思っているし、一日も早く自治体政府で実現したい。給食も変えたい。

88 「平和への道」

世界は第2次大戦後も1回たりとも戦争のない日はないと云う。大国の権力闘争は止むことがない。

アフリカでの民族闘争、大国が武器を売るため、民族間内でマッチポンプで紛争をしかけている。

1945年以来だけでも、数千数億人の人たちが犠牲になっている。子どもや、女性たち、年寄り、それに感染症で、赤ちゃん、幼児が死んでいる。これらのことを考えるにつけ、大国の横暴を思えてならない。日本も間接的に加わり、富を得てきたことを決して忘れてはならない。

89　ユニセフを食い物にする輩も多くいる

死の商人たちがはびこり、大国の手先となって巨利を得ている。許されない。

世界の子どもを思うとき、教育、食料、ウイルス対策、何も難しいことではない。国連ではユニセフがということになっているが、前線で命がけで寝食を忘れ使命を果たしている姿を映像を見るにつけ、手を合わせて感謝、感謝でいっぱいであると同時に、一方、ユニセフを喰いものにしている輩も多くいることを知っておかなくてはならない。かってアメリカがユニセフ拠出金拒否をした。その理由を忘れてしまっている現状を認めるわけにはいかない。

世界の戦争・紛争には必ず原因がある。原因を定め、1つ1つ解決する。解決しなくてはならない。

90 日本はすでに国際貢献大国

私たちの日本は未だ国連の敵国条項対象国である。国連加盟国全てから、日本は敵ではない、頼りになる味方である。今まで放っておいたことは恥ずかしいと思ってもらう。国際貢献をさらに大きくそして大きな結果を出すべきである。

アフリカ。貢献を集中すべきと思っている。アフリカ53ヶ国。格差はひどい。紛争・戦争の根源になっている。世界の主要国全てに責任がある。過去500年間アフリカの地下資源、人的資源を情け容赦なく使いつづけたこと。夢々忘れてはならない。

アフリカは、人類の恩人であり、聖地である。本気で、真剣に今回から恩返しをする。日本は、その率先垂範しなくてはならない。

廃県置市150では、中央政府と150の自治体政府とで、アフリカ53ヶ国の内、村や町などの女性や子どもたちのために、やれることは、大小を問わず献身し、貢献する。日本の国際貢献への大道を世界に示す。軍事力をどんなに大きくし、高めても決して国際貢献にならない。平和への道は遠のくばかりである。

91 国際貢献は安全保障である

第2次大戦後、朝鮮戦争そしてベトナム戦争で巨利を得た日本、それ故、食料、住宅、教育に力を注げるようになった。勿論日本人が平安時代から持ちつづけている向上心による教育力で世界有数の経済力を飛躍的に発展させ、平均的国民所得も先進国に匹敵するようになった。とはいえ市民所得の格差は、広がるばかりで、庶民の不満や不安が広がっていることを忘れてはならない。

世界となると貧富の格差はさらにひどくなっている。富める国が貧困の国へ、富める者が貧しい人たちを支援する。このあたり前のことを、もちろんすでに多くの富める人たちが自発的に日常で努力していることは知っている。とはいえその数は富める人たちの○%以下であることもまた知っている。

せめて日本は、全ての市民がより良く知ることで、国際貢献大国の道へ進んでいくことを強く願う。国際貢献は、一方安全保障であることを十分承知できるようになると国際社会で大いなる評価を得られるだろう。

現国連で未だ日本は、敵国条項下にいる。世界の敵であることになっている。無念である。日本が望むのではなく、国際社会で、日本が世界の敵とは何んたることか、即刻削除すべきと国連決議で決めてくれる日がいつかく来る。今年こそと思わない年はない。

92　日本が「癌」撲滅へ挑戦を

さらに挑まなくてはならないのが「癌」撲滅である。癌は末期の人たちを強い痛みの中で死に至らしめている。モルヒネで痛みを緩和するだけで、死に向う手助けだけとは何んと情けない治療なのかと思えてならない。

重粒子線、陽子線治療は数百万円という、お金持ちしか治療を受けられない。生命を救うのに格差があってはならない。〝お金〟ごときで差別とは、何んと不条理であるのか。訴えずにいられない。

女性の癌、それも乳癌、子宮関係癌、何んとにっくき病と強い怒りを感じる。お乳も子宮関係も、子ども誕生と生長に最も貢献していると思っている。何んとしてでも女性の癌を先ず終わらせる。完治させなくてはならない。発症をいかに止めるか。必ずや答えがある。

夫の与えるストレスが大きな要因であると専門家は云っている。であるなら、夫たる男性が、父親たる男性が、女性に対してストレスを与えてはならない。

93　放射治療はお金持ちだけという不公平は解決できる

かく言う私の妻も乳癌ステージ2〜3であった。抗癌治療で、妻も命より次に大切にしている髪の毛は全く無くなった。〝かつら〟で必死でしのいでいた。妻の勇気は、抗癌剤投入の2日前に美容室でそっくり切った。癌の戦いは、抗癌剤治療6ヶ月、そして摘出手術とつづき、その後今6年経っても、未だ不安を抱えつつ、病院に通っている。つづいて大腸癌も摘出も経験した。直腹に近いところということで、25cmの摘出、そして毎日の便通にどれだけ苦しんでいたか、毎日、毎夜何回も起き、人知れず苦しんでいた。家族に云わずであった。私は知っていた。毎晩4〜6回起きていたことを。そして泣きながらの闘病生活をすでに3年経ってもつづいている。くやしい、妻を思うと何んともやるせない。女性の癌退治に人生を費やす決心を強くしている。

94 癌細胞にピンポイント治療できる「中性子線放射能治療」

300万円～500万円という放射線治療、保険適用がない。治療病院が少ない。国、自治体共に一日も早く取りくむ必要がある。女性を苦しみから解放する。

① 先ず夫からのストレスを断罪する。
② 食事に問題あり、農薬づけの日々の食料もしかり。
③ 治療だが抗癌剤に問題あり、毒を注入する治療、それしかないと言う。放射治療はお金持ちだけという不公平、国と自治体とで解決できる。

もひとつ中性子線放射能治療がある。この治療は癌細胞にピンポイントで治療できると言う。しかも重粒子線、陽子線は2度目はできないと言う。中性子線治療は、ピンポイント治療故に何度でも苦しまずできるという。筑波大、京都大で先端技術で数10年研究している。しかし予算不足で未だ完成していない。金で解決するという、予算をもつ政府の対応に腹を立てている。無駄使いだらけの政治と行政のあり方を批判しつつ、中性子ほう素放射線治療に本格的予算を求めたい。1兆円～2兆円で一気に結果を出せると専門家はいう。

95　アフリカこそ平和で倖わせな大陸を世界で支援したい

本当に希望したいことである。要は、今日までの政府発表で、国際貢献度を主張し、お金をバラマキ貢献しているが、本物と理解してもらっていない証査だと私は思っている。アジア、アフリカ、南米で、お金（税金）をどれだけ支援してきたかを主張しているが、権力者とそのとり巻きが知っているだけでは、国際評価は上がらない。マザーテレサ、マータイさん、本物のノーベル平和賞受賞者のように、損得抜き、無条件で貢献するそんな日本を望みたい。

日本そして１５０の自治体政府が競い合い、アフリカ支援をする。食糧支援、エネルギー（再生エネルギー）支援、教育支援、感染症支援、何よりもアフリカ全土が戦争・紛争のないアフリカ、人類の聖地、人類の恩人アフリカこそ平和で倖わせな大陸を世界で支援したい。支援しなくてはならない。

森や川そして湖を生み、自給自足できる大陸を創出を急ぎたい。先ずは、10年間、全てのODA資金を投入する。ODA対象国にお願いし、理解いただく。私は願う。自立を目ざし、150の自治体政府が後立てとなって、中央政府と共に世界平和への近道だと信じ、世界に向って、何故アフリカなのかを知ってもらう。協力し合えるひたむきな努力を認めてもらえるならと願いたい。願うということを連発している。本心そう思っているからである。

96　アフリカは人類の聖地

聖地アフリカへの認識を強く求めたいと思います。私のEメールは、ｆｏｍｅ＿ｚｅｒｏ＿ｋａｔｏ＠ｙａｈｏｏ．ｃｏ．ｊｐです。ｆｏｍｅｚｅｒｏは餓死者ゼロのポルトガル語です。かつてブラジルのルーラー大統領が就任演説（ルーラーさんは、中学卒で労働者として生き、労働組合出身で、少しずつ指導者への道を歩み、野党の政党のトップとなり、３回大統領選で敗れ、４度目に当選。）その大統領就任演説で、演説の中味を為すもの、それは発展途上国にあって、トップリーダーを意識した演説であった。アフリカは、人類の聖地である。人類の恩人である、アフリカの恩返しをしなくてはならない。

私は大きな感動を憶えた。ルーラー大統領は、その後２期、８年間特筆すべき大統領として、ブラジルの発展、貧しい人たちへの政策も確実に評価された上で、何よりも先進20ヶ国の常にトップリーダーの印象は強烈であった。先進20ヶ国での発言は、先進８ヶ国（今日は７ヶ国）へつねに挑む姿勢であった。

誕生してから、小、中、高生まで少なくとも国際社会で負担しているのかどうか。幼少、小、中、高校まで、15年間アフリカへの恩返しをしなくてはなりません。その上で、アフリカ諸国の自立のため、これまた国際社会の使命だと思います。アフリカのひとりひとりの意識改革で、500年前のアフリカに取り戻せることを願って止みません。

アフリカの健全な発展こそ世界平和への近道だと思ってます。今や欧米やアジアでも格差問題、富める者と貧しい人たちの格差は異常になってます。

先の〝9．11〟ニューヨークツインタワーに飛行機が2機自爆し、完全に破壊し、4000人もの人たちが犠牲になりました。ヴィン・ラディンというイスラム原理主義者の強烈な指導者の下に、反アメリカ、反欧米の若者たちが呼応し、自爆を恐れることなく、必死の決意で使命？　を遂行したことは、記憶に新しい。その上で、今やイスラム国の隆盛というより、少数というが、何万人もの命知らずの若者がイスラム国に入っている。今日何万人が世界の現状不満で、やり場のない怒りにふるえている若者たちは数10万人、数百万人、と言われています。そして、彼らに犠牲となった人たちは数百万、数千万人です。悲劇です。

98　緊急食糧援助とアフリカの自立支援

格差の広がりは止められないか、富める人たちにあえていうなら、アフリカへの支援。それは今日の食料、今日の医療も大事だが、アフリカ諸国の自立支援に強く大きな協力を求めたいし、するべきだと提案したい。持てる富10%。最小限の協力要請であります。

参考までにお知らせしたい。「松浦晃一郎著作の〝アフリカの曙光〟日本文で637頁の大作だが、アフリカを知るには最適だと推せんしたい。それに外務省のホームページアフリカ　を参考にして、分からないことはアフリカ第1課、第2課に連絡して何でも聞くことです。

作家の曽野綾子さん著作〝朝はアフリカの歓び〟の表紙に、アフリカは偉大な「教師」であり、偉大な「慰め手」であったと書かれてます。アフリカは人類の聖地、人類の恩人であります。そのアフリカの平和こそ、世界の平和への近道であると信じて行動してもらいたい。善意の富裕層の富の10%をアフリカへ、そして世界の不幸、不満をもつ数千万人の若者がアフリカの未来に力を出し合う。アフリカには莫大な資金・支援が急がれる。勿論国連決議で国際社会の支援、これらは全てアフリカの再生のためのもので、いつの日か、富めるアフリカ、世界最大の自然大陸へと変わることを切望したい。

99　ルーラ大統領「発展途上国こそ世界の政治に物申す」

また、会議終了後の記念写真でも、何故か前列中央に立つ、アメリカ大統領の隣りに位置するところに立ち、しかもアメリカ大統領に媚びる立ち居振舞いを強く意識した写真となっていたことをご存じかな。

ルーラ大統領は、発展途上国こそ世界の政治に物申す。先進8ヶ国（当時）だけが、世界政治を〝牛耳らせない〟という意識の現れのように見えた。

国連演説でも、つねに先進20ヶ国の意識をもったものだと感じさせた。また〝BRICS〟を立ち上げのリーダーシップを発揮していた。BRICS（ブラジル、ロシア、インド、中国）人口で、世界人口の50％越え、さもありなんと思えた。つまり、先進8ヶ国なにするもの。欧米に意識していたと思えてならなかった。〝アフリカは人類の聖地、人類の恩人〟私には、強烈すぎる表現であった。決して忘れてはならないの思いを強くしてきた。世界人類は、国際社会は、アフリカに何ができるか、どんな恩返しができるか、最も重要で、大事な約束をしなくてはならない、私はそう思いつづけている。

100 アフリカ平和への道

栄養失調の子どもたち、病気死亡と生々しく訴え、支援を呼びかけている。ユニセフは世界からアフリカへとお金を集めている。まさかユニセフ貴族ということばを聞いたことがあるが、少なくとも日本でそんなことはないと信じたい。ボランティアの人たちに呼びかけると多くの人たちが参集するのではないかと思いたい。

私は、全ゆる機会に発言し、発信している。アフリカの平和への道について、故ワンガリ・マータイ運動で結果を出しているように、森づくりから農業へと進むことで食料の心配はいらなくなる。余裕、それはアフリカ資源をアフリカ人のために活用する。欧米や他の先進国も含めて、喰いものにしていることを止めなくてはならない。かってカストロキューバが断行したように、一切を国有化し、たとえば、国連のような国際社会が管理し、アフリカのアフリカによるアフリカのために有効活用する。そのことで、たった10年で全てのアフリカ問題で最も重要な食料、水、医療、教育は十分賄える。

101 世界平和はアフリカからはじまる

そして、アフリカの倖せは、世界の平和へと進む。今世界で格差問題が大きく取り上げられている。とても認められるものではないが、イスラム国というテロ集団に呼応する若者が多いと報道がある。その殆んどがあまりに大きい収入格差に希望を失い、前途を悲観し、半ばヤケッパチでイスラム国支配国に入っていく。これら若者が、洗脳を受け兵士になり、自爆テロ要員となっていく。未だ1万人前後というが、収入格差は天井知らずとなると、恐るべき数となることを予測せざるを得ない。

対策はある。富める者が、日本であれば預貯金5000万以上の者が、10％つまり500万円供出する。大企業の利益の内10％を供出する。貧しい若者へ、仕事のない若者救済に力を貸すことで世の中が変わると思う。私は信じている。世界の平和は、アフリカからはじまる、と。

102 作家曽野綾子「アフリカの朝は世界のどこより美しい」

アフリカ全土が森林へ、牧草へ、湖や川が生まれ、人類創生期のアフリカに一歩づつ近づいていく。作家曽野綾子がアフリカの朝を書いた、世界のどこの朝より自然で美しい。この世の天国ですと書いてます。いま安全なアフリカ国は多くない。

私は、私の著作（2014年11月）〝廃県置市150〟で、世界の平和論を書いている。アフリカは、人類の聖地、人類の恩人、どう恩返しするか。ワンガリ・マータイさん、ケニヤの環境副大臣が、ひとりではじめた植林、1本の植樹からはじめた。ひとりふたりと協力者が増え、今や何万人の人たち、そしてアフリカ全土への影響を与えている。

私は、今回提案しているアフリカでの最貧国に牧場を創出させ、牛やにわとり、豚牧場をつくる。人びとの協力で少しずつ広げていく。動物の〝フン〟特に牛ふんは牧草づくりに最適ときいている。私は、石垣島金城牧場の会長を務めている。牧場経営のノウハウは社長である金城利憲さんにゆだねたい。ご本人も今や、やる気マンマンとなっている。

たとえば、アフリカ諸国AU、TICAD参加国の先ず貧しい1ヶ国からはじめたい。外務省のアフリカ1課、アフリカ2課から協力を得て進めたい。

103　アフリカの人たちの倖せな笑顔を見たい

アフリカ各国の歴代大使に協力を求めた。　アフリカ各国のプロジェクトリーダーに就いてもらい、それぞれの国への支援に助言を求めたい。平和へアフリカ、いつか何かが変わると思いたい。

アフリカの人たちが、子どもたち、女性たちが少しずつ変わる、倖せの表情を1日も早く見たい、知りたい。

倖せな顔、アフリカの人たちの笑顔を見たい。まず、食糧、それも自主自力で農業を根付かせる。森林づくり、水を生む、農地を生む、これで自主教育に取り組める。どこの国でも自分で子供を教育することを望む。この10年間国際社会の協力、世界の富裕層の協力、何よりどこの国より日本の151の政府の支援協力を望んでやまない。

日本で自治体政府で、高校4年、その間の1ヶ年、大学5年、その間の1年をアフリカへ。世界の貧しい国へ入る。骨惜しみしない。〝ことば〟を知る。日本での農業技術、森づくり、教育に、幼少の子供たちの教育に役立つボランティア。

104　アフリカの人は500年間、欧米から搾取されてきた

国際連合は、世界200ヶ国が加盟している。アフリカ、アジアで世界の過半を越す。世界の平和を語るなら、アフリカ、アジアの平和と安定が最も大事な役割りになることは論を待たない。そのアフリカ、アジアで戦争・紛争が絶えない。

アフリカは500年間欧米をはじめ、世界の強国がアフリカ人を、アフリカの資源を搾取しつづけた。アフリカは人類の恩人、人類の聖地であることを知らないふりは許されない。

アフリカの人たちが、この500年間でどれだけ多くの人たち、幾億人が無残に虐げられ、殺されてきたか、女性や子どもたち、そして男たちが……、思うにつけ何んとひどい仕打ちをしてきたか、アフリカの大地を蹂躙してきたか、今からでも遅くないもう止めろ。今一度言いたい。アフリカは人類の聖地、人類の恩人である。

105 都市農業万歳である

大都市であろうとなかろうと、農業実践をする子らの未来のために、世界の貧困対策に人が住むにたる処、農地と思い活用する。わが家でのこと、妻が小さなベランダに10種近い野菜を作っている。猫の額ほどの裏地で、わずか3・3㎡で農作業をしている。一年を通して新鮮野菜が食卓に出る。小さな温室も冬には役立つ。工夫と探求。

駅周辺の駐車場など、その上は農地と考える。少しの水で水耕栽培、少しの土で畑を生む。都市農業万歳である。

106
農業コミュニティーを生きていく常識にする

農業コミュニティーを生きていく常識としたい。自治体政府は挑む。後述するエネルギーも然り。これから先の自然災害を考えてみてください。年々大型化している台風しかり。集中豪雨、頻発する火山噴火、竜巻、大量の山崩れ。年に失う農地の現実を知り、見るにつけ、空恐ろしくなる。

今こそ農業を見直す、農業を知る、〝里山の農業〟も森を守り、清い川を生み、農地を豊かにする。里山重視の自然環境街づくりは、私のテーマでもある。

私は言いたい。農業大国日本、食料自給２００％に挑むを自治体政府の最重要政策にする。あそこ、ここ、あちこち、どこでも農業を拓く。

107 食料自給率を100％に

次に、食料自給率100％さらに200％を日本は、目標にするのは不可能ではない。現在、日本の食料自給率はカロリーベースで40％。60％は輸入に頼っている。第2次世界大戦後頼らされているとも思える。

40万ha超えの田畑休耕地、考えられない絶対考えてはいけない農業政策に断じて認められないと実感を持ちつづけてきた。

アメリカ100％超え、ロシア　％、中国90％、イギリス65％、フランス121％いづれも自国食料率100％確保を国策として、いつの日かに備えている。

私は異常ともいえる日本農業の愚作に私の謙議、食料受給率100％は勿論、さらに200％を目標とするものである。

日本農業は世界農業を悠々超えられる。農業は一日で学ぶものでない。何度も言っておきたい。農家、百姓は百の姓を持つ、百の技術を必要とする。幼少時から、小中生から実践で学ぶ。実践する。

108 日本は自然大国

私は、福島原発爆発以来、即一般社団法人再生エネルギー100推進国民会議を立ち上げ理事長として再生エネルギーに熱心な中小企業と推進のお手伝いしつつ、メガワット発電事業社のSNSS、NCED社の会長に就いて、青森~沖縄までの事業をお手伝いしているところであります。

再生エネ100%は、日本は自然大国であることもあって、何んの難しくはないと思っております。ソーラー、風力、水力、地熱、バイオマスなどで政府、電力各社、そして市民の総意で成し遂げられると思っております。

私自身、ソーラー発電事業から、小水力、バイオマス、風力と広げております。

109 再生エネ100%は可能

再生エネルギー発電は、自然エネルギーでCO_2問題を殆ど排出しない。

私が提議しているCO_2削減1900比ゼロは依ってクリアできると思うところである。

日本ではじめる〝廃県置市150〟で実証する。G7、G20に期待したい。

21世紀後半には、平均気温2℃～3℃上昇する。映像で知っている。北極の永久凍土が巨大なスケールで氷解している現状を見るにつけ空恐ろしくなる。インドで気温50℃、日本でも夏の長いこと、春・秋があまり感じられない。亜熱帯化していると思う。気をつけたいこと。遠くない将来、マラリアを恐れる日がくるんではないか。温室化とウイルス考え、恐れなくてはならない。

G7、G20共経済中心とした議論で、本気で地球環境の深刻さについて考えない。口先き議論はしている。

新ウイルスを生む原因は、地球温室化と共に人類を脅かすことになる。WHOでは、深刻且つ抗しきれない新ウイルスの出現は待ったなしと警告を発しつづけている。

地球温室化を止める。CO_2削減と森づくりである。森は川や湖を生み出す。農業を生かす。人が生きていける環境をつくる。

110　原子力発電ゼロの国づくりを

政府は「原子力30％、火力・ガス30％、再生エネルギー30％　その他10％」として方針を明らかにしている。

原子力発電はゼロを決め、且つ、火力・ガスについてもゼロとしている国づくりをしなくてはならない。要するに再生エネルギー100推進国民会議を立ち上げ、努力中だが、今段階で全て民間の力に頼っている。

政府は30％を再生エネルギーと言っているが、ほとんど関心をもたない（調査中、経産省新エネ課）

2016・10・5パリ協定発布の日であった。日本は手続上事務ミスで、次の国際温室化対策委員会出席の資格を得られなかったという。見過ごすことのできない大失態をした。責任者を問う声が全く聞こえてこない。さらなる無責任さに腹立たしくて言葉にならない。

２０２０年オリンピック施設で数々の疑問をつくり、都の豊洲問題で次々と都民に不信を及ぼしているが、パリ協定調印での事務的ミスという重大事案がニュースにならないことに、日本政府の心構えに、いささか情けないのを通り越し、日本が国際貢献大国を求めることを強く望んでいる立場で云えば、エネルギーの自給自足それもエネルギー１００％、再生エネルギー、自然力エネルギーを宣言し、目ざしていくことである。

111　エネルギーを１００％自給する

日本は、世界に類みない自然大国である。国土は世界の40数番目であるが、四方海ということだけで排他的海域で云うなら、世界第5位の領土大国である。

国土は、バイオマス発電の宝庫である森林大国といえる。国土の70％近くは森林である。河川は、いたるところに走っている。火山大国でもあり、地熱にこと欠かない。風力は、全国土と四方海域、潮力でも他国に勝る。太陽光、ソーラー発電力もまたしかり。加えて、私が推進している、島連合。３０００を越える島は全て自然島である。

エネルギーは余裕で１００％を実現できる。

政府では3分の1原子力、3分の1ガス・火力、3分の1水力を中心に、ソーラー、風力、地熱、バイオマス等と発信しているが、現実での自然エネルギーは12％という情けない結果しか出していない。エネルギー政策も政府政策は論外といえる。

今の政治では再生エネルギー１００％は、１００年先でも到達しない。

「廃県置市１５０」で成し遂げられる。市民総意、市民の結集で、子供からお年寄りまで、エネルギー１００％を自給で賄う、決意、勇気、使命感で成す。大丈夫。

112 再生エネルギー100%は日本のなさねばならない政策

私は言いたい。再生エネルギー100%は日本の最も重要な政策である。このことは農業大国への道を歩める。あえて付け加える。再生エネと食料受給率100%どころか200%も夢ではない。地球環境の現状を知るにつけ、200%~の道を挑むべきと思っている。

ねむらされている40数万ha、島連合での農業、エネルギーへの大変革を想定すると全て容易に達成できると確信している。

〝廃県置市150〟は、今の日本、今の世界、地球の未来を思い考えるとどうしても求め、実現へ挑まなくてはと思えてならない。故に他に道なしと断言した。

世界のG7、G20に、国連に期待し止まないと言いつづけてきたが、悪くなるばかりと思えてならない。アメリカの大統領選のこの1年間を関心をもって見てきたが、何ら関心と期待に応えてくれなかった。

お互いの悪口合戦、ひとりよがりの自惚れ合戦、恥しくないのか。アメリカ市民の自意識の高さ、民主主義の理解度は、客観的に高いと思っている。にも関わらず、大統領という最も大きな選挙戦になると毎回悪口雑言、聞くに絶えないというのに、アメリカ人は面白がる。

アメリカ人を理解するのに難しい思いをしてしまう。泥仕合、メディアをあおり、国民が迎合する。そんなアメリカから脱して欲しい。

113　北朝鮮問題について緊急提案する

日本にとって、国際社会・国連で大きな話題になっている北朝鮮問題について一言述べたい。

北朝鮮の核は、朝鮮半島と日本の直接の危機だが、その解決は、トランプ米国大統領の言う「軍事的圧力」では解決不可能である。当然、日本・米国・韓国・中国・ロシア、そして国連決議など、あらゆる圧力をかけても実効がなかったと言わざるを得ない。私は国会の外務委員や、ラジオ、Youtube 動画などで発言し続けていることがある。

世界には、この北朝鮮と国交を結んでいる国々が164ケ国もある。これには驚くが、ご存じない方が多いと思いますが、北朝鮮の首都平壌に自国の大使館を置いている国は24カ国もある。

私が言いたいのは、米国・中国・ロシアなどの主要国や日本や韓国という直接利害を共有する国だけで、この北朝鮮問題を解決しようとしてもできないという事である。なぜなら、世界には北朝鮮と国交のある国は１６４カ国もあり、その内、平壌に大使館を置いている国は、すでに述べたように２４カ国ある

アメリカ（トランプ大統領）頼りにはより危険を感じる。北朝鮮の核問題を交渉のテーブルにつけるアプローチをすべきである。

とにかく、最優先対策、２４カ国と日韓との話し合い、と同時に２４カ国と日本との友好議員連盟、各級市民交流は多数ある。それらが動けばおそらく大きな力となる。

「平壌に自国の大使館」を置いている国　イラン、インド、インドネシア、カンボジア、シリア、中国、パキスタン、パレスチナ、ベトナム、マレーシア、モンゴル、ラオス「**ヨーロッパ・アフリカ・他**」イギリス、スウェーデン、チェコ、ドイツ、ブルガリア、ポーランド、ルーマニア、ロシア、エジプト、ナイジェリア、キューバ、ブラジル。

この結論は、日本が滅んだ後のアメリカ武力は求めていない。中立国（スイス・ノルウェー・スエーデン等）の仲立ちを何とか得られないか。国連の場でも良し。

114

「廃県置市150」は新ミレニアムの新政治思想

序章イントロで述べた。もちろん、読者諸氏はすぐ解るものではない。しかも私の直感で、寝ることもままならない状況下で書いた即文である。しかも強い思いであるが故に尚さら何なんだと思うかもしれない。しかも、聖徳太子、明治天皇ご誓文、現憲法の前文を抜粋を仰々しく掲載したこともそうだ。

また、私自身17歳で政治家への道を決め、苦学しつつ、地盤・看板・カバンゼロの中で、あらんかぎりの人脈をつくり、井戸塀政治家「藤山愛一郎」の秘書になれた。思い通りの政治家への道が開けた。余計な一言であることは承知。〝人生短し〟だから人生を思いっきり「志と勇気」で使い果たす。今日の閉塞感の中で、若者たちは何となく、良い学校、良い会社をと貴重な青春を使い果たし、結果、定年後のどうでも良い怠惰な、それでも生活は保障されている。だが、実情は保障などされていない人が圧倒的に多い。異常な少子化は、一切社会制度の保障がないからだ。このことに挑んだが故のこの著作である。

さて、江戸時代の今日でいうところの地方自治体303藩。明治21年に現在の47都道府県とその下で、3000市町村で国力を養ってきた歴史から、今1700自治体に統廃合し、さらに加速して地方の市町村が成り立たない現実を見て見ぬふりしてきたツケが集約して、増田グループの論文として、具体的に実感したということである。かつて北海道の夕張市が財政破綻したことを衝撃的ニュースとして知らしめた。このことは、市町村の統廃合で、もっと早く知っておくべきだったと悔やまれる。滅びゆく日本としか思えなくなったのも事実である。

何を言ったところでと思っては断じてならない。

「廃県置市150」は新ミレニアムの新政治思想である。中央政府があって、150の自治体政府を創設する。首相と名を持つトップが中央政府首相と150の自治体政府首相が誕生する。江戸時代の300藩を参考にできる。今や民主主義下の合計151の首相を誕生させる。内外の政治、外交を受け持つ。みなさんワクワクしませんか。

「廃県置市１５０Ｉ」で、「起死回生・救国政治ビジョンを問う」と著わした。

Ⅱでは、もっと具体的に発意した。

中央集権解体を前面に出した、〝廃県置市１５０〟とは、４７都道府県を廃し、全国１７４１の自治体を１５０に集約する。

中央集権は明治新政府の政策のかなめ

この提言の中に、中央集権解体が前提となる自治体主権を提議した。

中央集権は明治新政府の政策の要であった。江戸末期、徳川幕府をはじめ３０３藩。新政府はこれを、明治２年３０２の県を置いた。つづいて明治１０年７５県。明治２１年今日の４７都道府県とした。

欧米との武力の差からいかに対等の立場になるかが、新政府の最大課題とした。欧米に追いつき、追い越せである。

中央集権こそ近道とし、人材の育成をいそぎ、欧米の法律、政治、行政、軍事力を学ぶために留学させた。そして中央集権こそ全ての近道とした。その基礎組織は、47都道府県とし、その下に市町村を置いた。行政だけでなく、政府関係、民間団体の組織づくりも全て中央集権づくりの手段とした。

第2次大戦後、マッカーサー連合国軍最高司令官は、財閥解体、農地解放、男女参政権等大ナタをふるった。いわゆる、金持ち（年収2000万以上）といわれる人たちは全人口の3%といわれている。中間層25%（年収2000万円以下）。しかし多くの市民が日常の生活に悩み、苦しんでいる。ユニクロ（衣）の発展振りやデパート、スーパー、商店街はバーゲンを謳い文句に必死で日常生活をしのいでいる。夫婦共稼ぎで生活を維持し、一方で保育所不足に悩んでいる。その上、未来に希望が持てず、少子化は加速している。50年後の日本は人口8000万人割れ（政府公表）。

〝廃県置市１５０〟は国民の血税である税金で食べている人たち、これまで国と地方自治体とで１３００兆円の世界で類を見ない大借金大国日本の中で食べてきた人たちの層が、さらに増えつづけている現実を知れば知るほど、日本の未来を予測すると、全く希望が持てないということになってしまう。

その結論は、中央集権を一切解体する。税金で食べている余裕の人たちを５０％カットすることである。

具体的には全ゆる中央集権を解体する。再び財閥を解体する。手段はあるのか。〝ある〟。

地方主権国づくりを創む

それは地方主権国づくりを創むことである。国・政府の、地方創生という〝まやかし〟は認めない。地方主権に向って全ゆる手段を構築する。

地方主権の分かり易い提案について。

150の地方主権都市自治体政府を創む。その問いに簡潔に応えたい。現小選挙区は全国300。それを2分の1、つまり、150の選挙区にする。150の自治体政府づくりである。

自治体政府と呼称する以上、ドイツ、フランス等では地方自治体政府に閣僚つまり首相のスタッフ・ブレーンとして責任を持たせる。この機会に、横浜市を例とすると、副市長3人、局長及び局長級がある。合計で40人となる。局長、局長級ということは、給与、ボーナス、退職金の共済金、年金、その上天下りならぬ、受け皿、外郭団体を、局ごとに複数つくり、そこの会長、理事長等団体のトップに収まる。2~3年務め退職金を得て、次の外郭団体に横すべりする。大小あるが他の自治体も全く同じである。

副市長経験者は、いくつかの外郭団体のトップを兼任し、退職金も複合となり、しかも60歳で退職して後、75歳ぐらいまで悠々と運転手付車を利用しつつ、人生を謳歌し、貯金も数億となるという。

横浜新市庁舎１０００億円の愚作

横浜市の借金は、４兆２４億円、これからも増えつづける。この際市民に問いたい。横浜市、市長提案で議会も諒承し、すでに、現在の関内駅前から中区北仲通りへ移転計画が決まり、設計・施工を竹中工務店に発注し、計画実行に入っている。

私は断固反対である。４兆２４億円の大借金で全く返済できない現横浜市の財政で、新庁舎建設に１０００億円の借金を上乗せという市長の決定、議会の承認は、全く理解できるものでない。今からでも遅くない、白紙撤回を求めたい。当然、現況の蛸足市庁舎解消への解決策について、公務員30％削減。そうすれば県の本庁舎、その他で十分賄える。

現中区役所を第2庁舎にする。これで５００人〜７００人。中区役所は他の市所有地に新建設３０億円。現本庁舎の駐車場の上に5F〜7Fを増設する。５００人〜７００人受入れられる。

局を区役所へ移転する。総建設費、改修費合計で１００〜１５０億円。

廃県置市１５０の提議では、横浜市を８０万人〜１００万人で4都市に分割する。

衆院小選挙区2分1で、4小選挙区を目安で実施する。現区庁舎を新庁舎として使用する。

〝廃県置市150〟では、公務員30％削減とする。議会議員も30％削減する提議であることを踏まえ、全く問題として考えていない。足らざるところは市民主権のもとで有料ボランティアで補う。

公務員30％削減の代替えは、郵便局、コンビニ、地区センター、学校等様々創意工夫で何ら問題にならない。先ずは、1000億円の大借金上乗せを阻止が前提で、廃県置市150を電光石火取り組むことだ。

江戸徳川幕府から明治維新政府への道のりは、ペリー来航から僅か10年で実行できた。志士たちの多くの犠牲は、今日では全ゆる英知とコンピューター、社会変化を想定すれば、全く問題ない。

1　新市庁舎断固反対の理由は、1000億円の借金建設を認められない。

2　廃県置市150の中で、無用の長物となる。

3　公務員を30～40％減員する。全国の現議会議員3万5千人を2万5千人に減員する目的がある。

4　中央集権を一切否定する提議であるということについて、全ゆる全国組織を解体する。ここには財閥解体も入る。代表的なものには、農協解体、漁連の解体、歯科医師会、医師会、公務員の労働組合、大企業の労働組合、つまり労働組合通称連合も例外でない。

省庁の下部組織といわれている全ゆる全国組織もなくなる。全国と名のつく団体が解体され、その全ての組織は、150の市政府で独立、自立した組織として存在することになる。中央集権解体は、自治体政府創立では不可欠である。

中央集権から地方主権への変革

さて廃県で失われるものは何もない。中央集権解体、地方主権に変わるだけである。廃県で、県税は不必要となり、県の全ての資産は、自治体政府に移行される。自治体政府の力を増すことになる。

〝廃県置市150〟はくり返すが、中央集権から地方主権への変革と考えて良い。自治体政府は、県が負っている負の資産、県債は全て国へと移行する。少なくとも100年間一切の県負債は凍結する。警察、教職員は国家公務員となる。市自治体政府の中で、行政指導の中での勤務とする。県職員は市自治体政府の職員となり、失職しない。

江戸から明治へ移行で大名の借金は、一切棒引し、金貸業の札差しを泣かせた。但し、ゼロではなく様々で補いはしたとしている。


国の中央政府と150の自治体政府は協調し、日本が未来に向って市民が希望あふれる社会へ向って前進していることを実感できる。この政治を一歩そして一歩と行っていく。

直近の東京都で、小池都知事が誕生し、都民だけでなく、他都市の市民までも何となく歓迎し、ワクワク感を抱かせてくれている。ひとりの女性知事が矢つぎ早やに都政改革を強い決心で実行していこうという雰囲気をかもし出している。しかし、小池知事の自惚れで都民ファーストを立ち上げ、都議会支配に手を出した。行政と議会は車の両輪でなくてはならない。小池知事は全く分かっていなかった。そして国もということで希望の党代表に就任した。

都の建設業界の大手を中心に、建設関連業界の殆んどが、束になって建設費を上げていく。加えて、2020年オリンピック施設づくり、最も大きな例を上げておこう。

新国立競技場入札で、何故か、大成、竹中工務店にしぼられたことも、大型のいくつかオリンピック施設建設に大手ゼネコン中心に行われたという〝ウワサ〟多分事実だろう。大談合が行われた。そして建設関連業界も右同じではないかと思えてならない。

私の〝廃県置市150〟では、新都庁を度々仰ぎ見て、悪の象徴としか思えない。今の東京都は中央集権という巨大なバケモノと思えてならない。政治・経済、全省庁傘下の外郭団体その数、誰も予想できない数で、税金タレ流し機関はもうだまっていられない。

明治新政府の高い理想と上に立つものだけでなく全ての官僚がひとつの心で新しい世の中を創設、果敢に日々新秩序の創設とペリー来航で欧米との差を歴然と知るにつけ、他のアジア諸国、隣国中国の実態を知るにつけ、二の舞を避けるため、国も国民もひとつになること。欧米に追いつけ追いこせ、そのために中央集権を完成させる。明治21年に

47都道府県を決めた。そして、国内全ての権力を東京に集中させた。

それでも国会は生まれ、政党も生まれ、一応の体制も生まれつつあった。しかし実際は、欧米とは全く異質で、最も大事な民主主義は育っていかなかった。選挙権も男だけ、それも高額納税者で衆参院ではなく、参院とは別に貴族院を創った。国民は高い納税と物価高で大変な貧しさを強いられ、それが5・15事件、2・26事件へと連鎖を起こし、結局それも、軍部の強権で、天皇の名の下でうやむやに終息してしまい、そして第2次大戦へと突き進んだ。そして広島、長崎の原爆投下で敗戦、そしてマッカーサー統治下で男女同権。女性の参政権、投票権付与、農地解放、財閥解体、明治新政府が必死に築き上げた〝中央集権〟にメスを入れた。これで特権階級を排除したことで誰にもチャンスを与えた。

民主主義、主権在民を宣言し、新憲法を占領軍と日本政府で発布した。その後については特筆すべきことだけ申し添える。

朝鮮戦争、ベトナム戦争で日本は飛躍的経済発展を遂げた。さらに、所得倍増論とか、列島大改造とか、挙げ句に、アメリカの象徴であるエンパイアステートビル、コロンビア映画などを買って、アメリカ国民の反感を買い、日本の電器製品とか自動車など打ち壊しの映像がＴＶで流れ、結果日本のバブルがはじけてしまった。

日本の超バブルで、不動産中心にアメリカをも買い取るなど途方もない不動産ボケの輩のために、あのアメリカを本気で怒らせてしまった。この段階ではアメリカあっての日本であるのに忘れてしまった。大ツケを国民が負うというハメになってしまった。その以降は、中曽根内閣で売上税失敗、竹下内閣で消費税３％はじまった。

毎年の国の予算と自治体予算は、国債・公債に頼りつづけ、今や１３００兆円超えの借金大国日本になってしまった。そして、未来に希望をもてなくなったことで、少子化がはじまり、その勢いは止まらない。政府も５０年後の日本の人口は８千万人割れるを公表した。八千万人の人口で６５歳以上が６０％超えとなると、年金その他社会保険の存立はあり得ない。

無責任歴代内閣に本当に怒り狂いたくなる。勿論私ばかりでない。やたらめったらに、子育て対策、保育園の充実、地方創生論とし打ち出したが、笛吹けど国民は馬鹿で決してない。抵抗手段として、選挙に行かない、物は買わない、アベノミクス三本の矢、いずれも失策となっている。現代の日本では、TPPも命取りになりかねない。私はそう思えてならない。

日本の起死回生策　「廃県置市150」

そこで私の起死回生策として〝廃県置市150〟を著作し、世に問うている。他に道なし、緊急に決め、江戸から明治への道であった電光石火の勢いを求めて止まない。

政治・行政・民間企業、中でも市民ひとりひとりの猛省と決心を切望したい。今からでも決して遅くないとはいえ、ギリギリとは思って欲しい。危機迫る日本。その解決策は〝廃県置市150〟廃県である。

市民が主権、主権在民がはじまる。はじまらなくてはならない。

〝廃県置市150〟人口1億2千万〜5千万人となる。

1．少子化対策。
2．150の新都市の建設づくりを150の市政府で競い合う。そこから市民力で希望を生み出す。
3．県税は無くなる。市民にとって、企業にとって減税となる。市民にとって減税はかってない喜びとなる。
4．県の資産を平等に150市政府に分ける。市政府づくりの財源とする。
5．特筆すべきは、首都東京は解体される。財閥解体、大企業解体（全国の支店は本社機能を持つことでさらなる事業発展へ。所得税が、中央政府と市政府とで分配することで、主権在民を具体的に得られることになる。
6．衆参院について。
〃廃県置市150〃は現衆院小選挙区を2分の1にする。比例をなくす。但し、より民意を反映する目的により民主主義を考え、衆院1選挙区の定数は〃2〃とする。150×2で300人となる。

参院については、より市民の意を国政に反映させる。現憲法下の国政は2院制である。

市政府（1つの自治体の呼称となる）市長は市政府の首相と呼称する。市首相は、参議院議員を兼務する。

7．新自治体に、議会を置く、定数は15人。15人の市政府内議会は、議員は全ての委員会委員となる。今日の自治体議会は年平均90日。実態は、それ以下の日数であるが歳費として年収が決められ、月割りで支払われる。これに日当とか、政務調査費とか様々議員特権がある。市政府議会では、市政府の市首相、議会議員は政党に属さない。政党政治下で、自治体政府での選挙は、政党の推せんは得られない。

現自治体首長では、政党の意を受け易く、議員も同じく、政党の指示下で、しかも自治体行政と議会は本来車の両輪でなくてはならない。ところが、一体化されている例が多すぎる、慣れ合い行政が行われ、市民に不利益となっている。

多党化の弊害を断つ

もうひとつの大胆提案は、廃県置市150下での選挙では、欠員について補欠選挙はない。自治体政府の首相が何らかの理由、病欠、死亡、その他理由で任期途中で辞職すると、補欠選挙はしない。

これら補欠選挙は、年間大変多い。国、自治体とも大きな財政支出となってしまう。その解決として、〝廃県置市１５０〟では、自治体政府首相の補欠選は行わず、アメリカの大統領が何らかの理由で空席となると、即副大統領が残り任期に就く。このことを私は導入する。副首相が残りの任期を担う。

自治体議会議員については、全市２０人が選挙で選出されるから、現職が失職したら、残りの任期を落選した候補者から上位順にくり上げる。

市政府首相任期は4年。首相兼任

〝廃県置市１５０〟では、市政府首相任期は４年。首相兼任となっている。よって参議院任期４年とする。そのため衆参同一選挙は禁止し、つまり、自治体首相任期にダブらないようにする。こと選挙制度導入を大きな課題とした理由は、欠員選挙は、投票率が悪い。

自治体首長選でも投票率４０％を超える例はない。

つまり、民主主義で選任されたことにはならない。たとえば、横浜市長選は、7月選挙で、投票率は30％台、有権者の20％にも満たない。直近の東京都知事選で小池百合子圧勝となっていたが、都の有権者総数の30％程度で、とても圧勝表現はおかしい。

すべからく、日本の民主主義は理解が困難である。自治体議会議員も同じで、欠員が生じた場合、当選２０人以下の得票数順にくり上げにする。

税金の無駄を失くす。私の持論だが税金の有効活用は、2倍、3倍に結果を出すことである。市民が義務づけられている税金。たとえば、年間市民税１０万円の場合、その使い道で2、3倍に結果をだす。

行政側への提議

自治体首相は、市民の市民による市民のための政治に専心する。人智を越える能力発揮を求めるものである。

市首相は、4年の任期で、結果を出さなくてはならない。その決算は議会の責任である。議員は、行政の決算に厳しく対応しなくてはならない。今日では全ての自治体で馴れ合いである。断じて許されない。たとえて言えば行政と議会、東京都政の例で説明はいらない。つまり、馴れ合いで、行政側から出た予決算案はフリーパスである。若干馴れ合いで少しの修正がある。市民、納税者、有権抜きが行われている。

〝廃県置市150〟では行政側と議会は車の両輪でなくてはならない。依って、議会議員選挙で候補者は、国政の政党候補は禁止とする。オール無所属。世襲は論外。

議会側への提議

行政側との馴れ合いを絶つことからはじまる。自治体政府首相も議員も政党推せんを取り付けられないので、行政と議会の関係は一変することになる。

議員は正に市民の代表者である。市民にのみ眼を向けることである。でなければ、次は無い。つまり落選ということだ。

次に〝廃県置市150〟超目玉は、食料自給率100％、エネルギー自給率100％特に教育には、150の自治体政府で競い合う。少なくとも年2回学力テストを実行する。全国レベルを自治体政府は認識しなくてはならない。

平成寺子屋〝読み、書き、そろばん〟

私の教育の持論は〝読み、書き、そろばん〟である。〝スマホ〟使用など選挙権が得られる18歳以上で十分と思っている。

横浜市議であった1980年代に、小学校から英会話授業導入を提案した。教育委員会、正副校長会、教職員組合共々反対反対であった。私はねばった。くり返しあきらめることなく、いわゆる根廻しに明け暮れた結果、導入できた。

もひとつ紹介したい。タバコの有害と学校教育に関連させ、タバコを吸うことと不良化への道と題し、様々なところで講演しつづけた。

一方全国行脚もはじめた。先ずは未成年者はタバコを買えない、売らないことを提案した。国会の文部科学委員会でも度々質疑した。そして、何故か鉄砲伝来の種子島からとなってタバコの自動販売機、カメラで認証できる写真付きのカードをテストすることになった。私は種子島を訪ね、市長、教育長、市会議長、警察署長と会い、意見交換できた。何んと種子島ではタバコを吸う未成年者は激減したということと、不良化が減ったと説明を受けた。私も種ケ島で国会議員第1号の（現在も所有）成人カード写真入りを取得した。

学校、小・中・高内での禁煙活動も本気で積極的に取りくみ、当初は、教職員室は除外されたことを知り、さらなる運動を強化した。教職員室には生徒も出入りするという事実をつきつけ、許されないとし、教職員室も禁煙となった。すると休み時間になると喫煙者は校門の脇で喫煙する姿を見せた。無論これも止めさせた。

これにはその後2つの例をつくったことを伝えておきたい。学校敷地内で全面禁煙は生徒のためであったのだから、この機会に禁煙者になった教師と、8時間以上の禁煙がつらく、ノイローゼになった人、教師を辞めた人も居たことも聞いた。子どもたちのための犠牲者ともいえる。教師の使命感だったと思いたい。

イジメは犯罪である

これは前にも書いたので再論となるが大事なことだから書こう。

生徒を守る。このことは決して忘れてはならない。親の子供への虐待という犯罪など重刑相当であるといつも思っている。強い怒りが止められない。虐待死、僅か数年で出所するという。耐えられない思いとなる。裁判官の皆さん受け止めて下さい。

学校での〝いじめ〟犯罪である。〝いじめ〟でなく犯罪として扱うべきである。たとえ子ども同士でもと思っている。〝いじめ〟などという表現が間違っている。暴力・犯罪と極めつけなければならない。事実が分かれば、即退学が望ましい。暴力犯罪を受けた子どもの気持を様々想像し痛ましく思い、何んとか〝いじめ〟暴力犯罪者を特定し、なぐりつけたい気持ちになる。事実自殺する子どもが後を絶たない。親が気づき、教師や校長に相談する。大概、教師も校長も何もできない。

私は、娘のことで経験している。娘がときどき自室で泣いている姿を知る。そして一生懸命に聞き出す。わが妻は、ときには娘を学校に行くのを休ませ、娘と美術館に行ったり、映画を観たり、昼食に楽しい食事を摂り、気分転換に全力で取りくんでいた。

翌日娘が気分を良くし、学校に行ってくれる。学校まで妻か私が送る。〝やられたらやり返せ〟パパとママが味方だよと校門で諭す。それでもその夜気になって、気になって娘の部屋をそっと気にする。泣いていることがわかるともう我慢しない。夫婦で学校に行く。校長室で向い合う。そして担任を呼んでもらう。

私は言う。娘がいじめられている。名前を言う。この場に連れてきて欲しいと願う。

私は言う。校長先生と担任の前で、いじめが止まなければ、いじめのガキの両親を呼んで下さいと頼んで、1回はまかせる。また娘が泣いているのを目撃する。当然気になって、気になって、居ても立ってもいられない。娘の一挙手一投足気にしているから、またまた娘がいじめ受けたことを知る。直ぐ校長室に向う。担任を呼ぶ、事実を話す。直ぐ両親を呼んでほしい、いじめのガキも呼んでほしい、と話す。

両親の前で、校長、担任の前で、いきなり私がそのガキを殴ると言う。校長も担任も呼ばない。押し問答となる。結局、本当にまかせてくれと言う。それを信じ帰る。そして、いじめが止んだ。


私の経験である。私たち両親も娘も望んだ学校、辞めさせ逃げない。転校など考えない。そのくそガキを退学させる決心で臨み、そして解決した。ひとり娘を守る。必死である。

娘は、そこそこ勉強はできた。いじめの原因は、おっとりしている。運動会で足が遅い。リレーともなると、娘のチームを嫌う。そんなところだろうと承知もしていた。足の早い遅いは努力はするが、しょうがない。娘の徒競走は幼稚園時代もいつもビリであった。しかし幼稚園時代はそれでも皆んなが応援してくれた。娘の名前を呼んでくれて、ガンバレガンバレと言ってくれた。娘もその応援に応え、手を振ってそしてビリ着。そんな経験もあった。娘は足が遅いことを恥じてはいない。

いじめの原因は正確には分らない。いじめガキ共のいじめ理由はわからない。しかし、親が本気になる、必死で自分たちの娘を守る決心があった。

私は子らへの虐待、学校での暴力犯罪を絶対許さない。幼い子どもたちが、どれだけ多く自殺してきたか。国で、自治体で、学校で（全てあてにならない）、社会で守る。守らなければならない。同じ目的でいわゆるDV対策も同じである。同じ思いで断じて許さない。DVについては、別の機会にも少し詳しく述べよう。

コミュニティスクール法案

私は衆議院議員1年9ケ月で、新幹線の禁煙化、学校敷地内禁煙、コミュニティスクール法案の積極的とり組みを誇りにしている。

外交では、東アジア共同体構想の提案者として、全ゆる機会に熱心であった。このことも後述したい。

コミュニティ法案については、熱心であった。全国行脚もした。自治体を600以上歩いた。マッチポンプ悪い云い方は承知している。

自治体を訪ね、市長、副市長、教育長に面談申し込み、話す。コミュニティ法案を通したい。地域社会の中の学校と位置づけるという法案である。

学校というアンタッチャブルという印象から変えたい。地域の中の学校、地域みんなで学校、小学校、中学校を意識し、関心を持っていただく。学校、生徒に関心を向けてもらう。

〝いじめ〟という暴力犯罪とか、不良への人生を歩むことになってしまう。早く芽をつむことが大事である。子どもは、国の宝と言う。私もそう信じている。

今や、国も自治体も、子育て手当て、支援、様々の名目をつけ、議員と名のつく有権者にひたすら媚びる。私が言うところの「子どもは国の宝」という思いと全く異なる。媚を売る政治は好まない。むしろ軽蔑に値すると言っておこう。

子どもを大切にする。お母さんを大事にする。女性を敬うことが私の信条である。

地域社会で守り抜く、とても大事な子育て論と信じて止まない。コミュニティスクール、正に地域学校づくりが廃県置市１５０の目玉のひとつである。

感染症で一言付け加えたい。1945年以来だけでも、数千数億人の人たちが犠牲になっている。子どもや、女性たち、年寄り、それに感染症で、赤ちゃん、幼児が死んでいる。これらのことを考えるにつけ、大国の横暴と思えてならない。日本も間接的に加わり、富を得てきたことを決して忘れてはならない。

死の商人たちがはびこり、大国の手先となって巨利を得ている。許されない。

世界の子どもを思うとき、教育、食料、ウイルス対策、何も難しいことではない。国連ではユニセフがということになっているが、前線で命がけで寝食を忘れ使命を果たしている姿を映像で見るにつけ、手を合わせて感謝、感謝でいっぱいであると同時に、ユニセフを喰いものにしている輩も多くいることを知っておかなくてはならない。かってアメリカがユニセフ拠出金拒否をした。その理由を忘れてしまっている現状を認めるわけにはいかない。

日本でも、全国あちこちの駅構内で、ユニセフ看板を出し、寄附を募っているのを年中見かける。はたしてと思えてならない。つまり、善人の寄附が全うに生かされているのかと思えてならない。

ユニセフ貴族とかは、今でも耳にする。慈善事業、チャリティーであるかどうか。赤十字募金についてもと思う。チャリティーという名を借りた様々の悪事は、とても許されない。

感染症は、地球温暖化、地域平均気温1℃上がると数百のウィルスが出てくるという。今世紀半ばには、2℃〜3℃と言われている。数百どころか数千のウィルスとなると人類は生き残れない。

戦争、紛争から脱するには、国連で常任理事国5ヶ国の責任は重大である。責任負えないということであるなら辞任して欲しい。国連安保理 20 ヶ国に頼りたい。

世界の戦争・紛争には必ず原因がある。原因を定め、1つ1つ解決する。解決しなくてはならない。

日本を国際貢献大国に

廃県置市１５０では、中央政府と１５０の自治体政府とで、アフリカ５３ヶ国の内、村や町などの女性や子どもたちのために、やれることは、大小を問わず献身し、貢献する。日本の国際貢献への大道を世界に示す。軍事力をどんなに大きくし、高めても決して国際貢献にならない。

第２次大戦後、朝鮮戦争そしてベトナム戦争で巨利を得た日本、それ故、食料、住宅、教育に力を注げるようになった。勿論日本人が平安時代から持ちつづけている向上心による教育力で世界有数の経済力を飛躍的に発展させ、平均的国民所得も先進国に匹敵するようになった。とはいえ市民所得の格差は、広がるばかりで、庶民の不満や不安が広がっていることを忘れてはならない。

世界となると貧富の格差はさらにひどくなっている。富める国が貧困の国へ、富める者が貧しい人たちを支援する。このあたり前のことを、勿論すでに多くの富める人たちが自発的に日常で努力していることは知っている。とはいえその数は富める人たちの中でもごくわずかであることもまた知っている。

せめて日本は、全ての市民がより良く知ることで、国際貢献大国の道へ進んでいくことを強く願う。国際貢献は、一方安全保障であることを十分承知できるようになると国際社会で大いなる評価を得られるだろう。

現国連で未だ日本は、「敵国条項」下にいる。世界の敵であることになっている。無念である。本当に希望したいことである。要は、今日までの政府発表で、国際貢献度を主張し、お金をバラマキ貢献しているが、本物と理解してもらっていない証査だと私は思っている。アジア、アフリカ、南米で、お金（税金）をどれだけ支援してきたかを主張しているが、権力者とそのとり巻きが知っているだけでは、国際評価は上がらない。

インドのマザー・テレサ、ケニアのマータイさん、本物のノーベル平和賞受賞者のように、損得抜き、無条件で貢献するそんな日本を望みたい。

日本そして１５０の自治体政府が競い合い、アフリカ支援をする。食糧支援、エネルギー（再生エネルギー）支援、教育支援、感染症支援、何よりもアフリカ全土が戦争・紛争のないアフリカ、人類の聖地、人類の恩人アフリカこそ平和で倖せな大陸を世界で支援したい。支援しなくてはならない。

森や川そして湖を生み、自給自足できる大陸の創出を急ぎたい。先ずは、10年間、全てのODA資金を投入する。ODA対象国にお願いし、理解いただく。私は願う。自立を目ざし、150の自治体政府が後立てとなって、中央政府と共に世界平和への近道だと信じ、世界に向って、何故アフリカなのかを知ってもらう。協力し合えるひたむきな努力を認めてもらえるならと願いたい。願うということを連発している。本心そう思っているからである。

日本農業は世界農業を悠々超えられる。強い怒りを禁じ得ないのは、国政の農林族といわれている輩、過去・現在共である。そして農協のゆ着である。日本の尊い農業技術を農薬づけにしてしまった。その上田畑の休耕地無策で、取り返しのつかない政・農協の悪業を断つという決心がいる、まだ間に合う。まだ大丈夫と言いたい。

私は恐れている。地球環境温室化は、たとえ2016年の地球環境パリ協定が遵守されたとしても、環境悪化は止まるはずがない。G7、G20をはじめ、国連での発展途上国が、こぞって経済成上を掲げている現状でとても望めない。よって地球環境悪化は止められない。このことで想像を超える自然災害で、想像を超える世界農業地の破壊へと進むことは絶対避けられない。世界が食糧危機が迫りくることを恐怖と知り、G7、G20は、1900年比CO2削減ゼロに取りくまなくてはと強い恐怖心で宣言することをここに求めたい。

京都議定書、1995年比ゼロとか、本年のパリ協定2000年比ゼロなどでは、環境悪化は止められない。世界の経済という言葉を発せられると私は恐怖に悩まされる。

人間は慾の動物である。本能であるが故に変わらない。唯一変われるのは、世界の平和、戦争、紛争のない世界、アフリカの平和到来で解決できるという単純明快な帰結を信じ、先ずは日本が〝廃県置市150〟で、日本政府と自治体150の政府で向うことを必死で求めるものである。

私は〝廃県置市150〟で中央政府と自治体政府150で、日本が全てに先行して、地球環境問題に取りくむことを提言しつづけ、挑むことを提議している。

① マラリア絶滅対策で、世界のウイルス学者でWHO主催、1ヶ月間検討する。必ず対策案がまとまる。

② マラリアをはじめ感染症対策チームを設け、できることは全て行う。当面、日本の〝カヤ〟、線香その他で守る。並行して食料である。体力を増やす。免疫力を高める。

③ 森林づくりにとりくむ。川や湖をつくる。

④ 食料の自前自作、自給を高める。

⑤ 教育力、小、中校を増設し、給食をはじめる。小・中校で畑作を行う。先生、生徒、地域の人たちで耕作に励む。自給自足にとりくむ。

⑥ ウイルスは、人類の敵である。しかしウイルスを生んだ責任は、人類にある。よって、人類が責任を果たす義務がある。人類の英知と愛と使命感で解決しなくてはならない。そしてその責任は先進国が負わなければならない。必ずできる。決死の信念が求められる。

今からでも遅くない。成せば成る成さねばならない。特に貧しい国、貧しい子どもたちが犠牲になってることを断じて忘れてはならない。国連ＷＨＯ中心に全ての科学者、医学者を結集することで、飛躍的結果を生むであろう。

国際連合は、世界２００ヶ国が加盟している。アフリカ、アジアで世界の過半を越す。世界の平和を語るなら、アフリカ、アジアの平和と安定が最も大事な役割りになることは論を待たない。そのアフリカ、アジアで戦争・紛争が絶えない。

アフリカは５００年間欧米をはじめ、世界の強国がアフリカ人を、アフリカの資源を搾取しつづけた。アフリカは人類の恩人、人類の聖地であることを知らないふりは許されない。

アフリカの人たちが、この５００年間でどれだけ多くの人たち、幾億人が無残に虐げられ、殺されてきたか、女性や子どもたち、そして男たちが……、思うにつけ何んとひどい仕打ちをしてきたか、アフリカの大地を蹂躙してきたか、今からでも遅くないもう止めろ。今一度言いたい。アフリカは人類の聖地、人類の恩人である。

アフリカの５００年は世界の全ての国で、子どもや女性が虐げられてきた。殺されてきた。アフリカの５００年を思いつつ、全人類が反省すべきではないか。

私の平和論は至極明快に結論を出している。アフリカを理想の大陸に戻すことである。アフリカを大自然王国大陸に再生する。何んの困難はない。食糧自給１００％を目的とする重要性を感じている。

〝廃県置市150〟は50年後の日本は人口8千万人割れするという2015年政府公表に衝撃を受け、革命的政治改革を提議した。政府公表を待たず日本人、市民は知っていた。日本の未来は危機に瀕している。未来に希望を持てない。市民は知っているし、少なくとも本能的危機意識を増幅させている。知らぬは政治を司る政府・国会だけである。

私は、この著作を2013年に書き下ろした。要因は2012年12月、2013年7月の中央公論で増田寛也元岩手県知事、元総務大臣の研究グループが発表した、人口減のデータで、2040年に日本の人口1億人割れる。地方自治体壊死である。

江戸時代の今日でいうところの地方自治体303藩。明治21年に現在の47都道府県とその下で、3000市町村で国力を養ってきた歴史から、今1700自治体に統廃合し、さらに加速して地方の市町村が成り立たない現実を見て見ぬふりしてきたツケが集約して、増田グループの論文として、具体的の実感したということである。かつて北海道の夕張市が財政破綻したことを衝撃的ニュースとして知らしめた。このことは、市町村の統廃合で、もっと早く知っておくべきだったと悔やまれる。滅びゆく日本としか思えなくなったのも事実である。
何を言ったところでと思わなくてはならないのか。

観光立国日本の可能性は大きい

観光立国、観光大国への道を求め歩む日本には大きな可能性がある。日本には京都、奈良は当然だが、北海道から沖縄諸島まで加えて、3000の島にまで、その歴史・文化は世界に誇り得るヶ所だらけと思える。このことが〝廃県置市150〟で最も目ざすもので、150の都市連合で結果を出す。私は信じ確信しています。

農水省では、現自給率39%を平成39年までに45%と公示している。これでは、どうにもならない。自給率100%について聞いてみたが、全く考えていないという。もうすでにはじまっている。地球温室化による自然災害は急を告げている。世界的現象と思わなくてはならない。巨大とか超とか付く自然災害は後を絶たない。年々巨大化していく。農地が失われ、自然破壊も頻発度を増している。危機感、危機意識を強め市民共通の難題として受けとめなくてはならない。

世界平和を本当に望みたい。平和。戦争・紛争は断固絶ち切りたい。

この項でつけ加える。

パリ協定からアメリカのトランプ大統領は脱退した。しかし、アメリカ全土でトランプに反対して全州的にトランプ発言に対抗して、2500団体が声を上げた。これはさらに広がる。しかもパリ協定以上の結果を提唱している。

日本はと言うと情けないというどころか、世界に恥ずかしい立場に成り下がっている。私は様々の機会に、co2削減は1900年比ゼロを訴え、提案している。少なくとも1990年比ゼロをまず実現する。世界に示す。環境問題貢献世界一を目指す。

おわりに

「150自治体政府」の存在意義について

なんと言っても県税はなくなる。県税なしです。増税ありきから脱する第一歩となります。

①中央集権が解体されます。一極中心政治行政から自治体政府へ移行、変改しあmす。

②廃県で、県市民税・県民法人税がなくなります。県のすべての資産は県公債返還し、かつ残債があれば凍結とします。

③県知事、県議、県職員は自治体政府か、国に吸収されます。警察官は国家公務員。

④自治体政府公務員は40％削減となります。自治体議員3万5千人は、自治体政府議員2250人に削減されます。自治体政府議会議員は20人×150＝3000人

⑤自治体公務員の受験資格が厳しくなります。

ⓐボランティア経験が資格になります。

ⓑ外国語会話力、１～２カ国語が求められます。

ⓒ公僕としての使命感が不可欠になります。

ⓓ教職員の採用はさらに厳しくなります。

ⓔ現在のキャリア官僚が、一年間欧米の大学院に学びに行っています。しかしながら、自治体政府公務員は、ボランティアの経験を生かしＡＵ（アフリカ連合）かＡＳＥＡＮの実体験ボランティア、教育関係、農業関係、環境関係、エネルギー関係、など様々で活動し、最貧国の自治体での体験をします。ただし、原則論で例外はあります。

ⓕ市民との出会いを積極的に求め、元々もっている能力をさらなる人格・識見を高める。特に教職員は別項で付記します。

ⓖｓ教職員はボランティアのレベルは高くなります。語学力レベルは英検２級ＴＯＥＩＣ５００点以上。加えて、詳細は追加付記します。

付記

私加藤尚彦が「廃県置市 150Ⅰ・Ⅱ」。多くの人たちに、なぜ、唐突（私にとっては1981年以来です）に廃県などと勇気？ある提議をしたか不思議に思ったとは思っております。

ところが、私のことをよく知っている人は、またか、また加藤がはじまったと思い人も多い。

私の人生で、数多くある日突然、人から見たら突然と思うかも知れないが、数多くあった。「廃県置市 150Ⅱ」の終わりに当たって、横浜市会議員時代の数例を述べることにした。

小・中学校の建替関係。白幡小、浦島小（市内で最も小さかった運動場の確保、浦島中も同様に体育館を敷地内に上げ、市内有数の運動場確保実現を果たす。

町内会会館整備に実績を上げる。町内会負担軽減に街頭LED化を提案し、実現する。

etc秀でた開発としてポートサイド地区開発をみなとみらい地区開発関連として、一気に実施する。
学校敷地内禁煙の実現、全国に広げる。全国６００を超える自治体のトップ、教育長に１年半を費やして全国に広げる。新幹線内禁煙に特別な情熱をもってＪＲ東日本と独自交渉をする。

「廃県置市１５０Ⅱ」の著作は、その「Ⅰ」を補う。
私自身明治維新の革命的政治変改から１５０年経て、今の日本には、様々問題山積を感じ思いは、１９８１年（当時横浜市会議員２期目）頃から、第２の明治維新とか、横浜を考え、第２の開港論等折々、しゃべったり、小冊子を書きつづけていた。市会の第１常任委員会（企画調整局、総務局、財政局）の委員長に就任し、開港以来横浜ドック、維新後日本の発信地として、栄えた跡地開発のための“都心臨海部総合整備委員会”の委員に就いたことも、横浜の未来、日本の未来に大きな夢を加速させた。

先ずは、横浜ドック跡地に加え、埋立も加え、１８６ｈａをいかに開発するかの目的を持ち、委員会々長に故細郷道一、委員長に東大の八十島教授（当時都市開発の第一人者）、委員に副市長、経済界のトップをはじめ各界代表と関係各局長という顔ぶれで、定期・不定期に開催された。私の主要発言、国立国際会議場誘致の発議をし、市長をはじめ、各関局長、経済界、トップの港湾関係者、市民団体、そして、政府、各関省庁のトップ、考えつくあらゆる人たちと会い、国立国際会議場建設誘致に奔走した。もちろん自民党市議団、各党の実力者に協力を求めた。特に、議会本会議で度々市長との質疑を演出した。

ここで特に付記したい。この情報は、1982年の1月4日、恒例の行政と議会そして主なOB参加の新年会（議会塔）4階大会議場、その終了後、当時秦野章参議院議員外交委員長より、「加藤君"重要な情報を伝える。"国立国際会議場は、京都にあるが、京都では、政治・外交の会議に向かない。つまり国際電話が当時東京経由で、スパイされる恐れが懸念される。首都圏に新国立国際会議場を建設することになった。加藤君、横浜が手を挙げたらどうだ」と助言をいただいた。私は、その一言に強烈に反応した。

かつて、私は、横浜は港湾都市として、維新の開港の拠点としての誇りは持てたが、何かが足りない。仙台・青葉城、名古屋の名古屋城、大阪の大阪城、熊本の熊本城、その他主要都市は、城と共に、市民と誇りと結束がある。私たちの横浜には、申し上げた〝城〟が無い。このことをずっと気にしていた。国立国際会議場誘致の情報得て、「秦野先生、その情報私に下さい。私は、必ずや、先生の情報に結果を出します」と約束しました。そして、動き出しました。市内での様々な動き、政府、省庁のトップ、特に当時外務大臣であった安倍晋太郎先生（現安倍首相の父君）には、何度もお会いし、お願いしました。外相は、最初から横浜市歓迎という言葉をいただきました。〝だが加藤君、市長をはじめ市民の皆さんが強く望んでいるという結果を出しなさい〟と激励とアドバイスをいただきました。私は可能性ありとして、冒頭に申し上げた通り、自分の市会議員人生の全てを傾注しました。

そして、東京、千葉、埼玉、山梨と競い合って、横浜誘致決定を得たことになりました。飛び上がって喜んだことを昨日の様に想い出します。

その後、結果は、沖縄サミットに決まってしまった。そのことは内々喜んだところです。

日本開催サミットを横浜誘致に相当骨折りました。外務省経済局、竹下登外務大臣に、そして、神奈川県警対策、関内地区や野毛地区の有力者等働きかけました。外務省経済局も、日本開催は、ずっと東京ばかりで他のサミット国事務局から、次の日本開催は、他所での要望もあることをキャッチしていたので、ここでチャンス到来と当時本当に喜んでいた。

ところが、ある日、竹下登外務大臣から呼ばれ、君のところの高秀市長からサミット誘致を望んでいないと言ってきた。どうなっているのか、私は直ぐ市長に会い何故だと言ったところ、みなとみらいは、空地だらけで、とても世界に見せられない、反対だと強くいわれてしまった。情けなかった。ガラ空きのみなとみらいを世界から5千人のジャーナリスト来るし、サミットの首脳に、横浜で最も景観の良い世界一といっても良いウォーターフロントを見せる。世界中から進出オファが来る、こんな大きなチャンスは他に無い、考え直せと迫ったが、市長は、ますます意固地になって絶対ダメだとくり返えした。竹下大臣、外務省経済局長も市長が正式にことわってきたのだから、横浜を除外すると結論を出されしまった。そして、沖縄に決まった。

結論は、沖縄で良かったとは思った。しかしながらとても残念だった。市会議員18年11ヶ月の内、みなとみらい隣接の神奈川区のポートサイド地区新建設とか東神奈川東口開発で副都心決定、とにかくよく働いたと今でも思っている。

何故このことにふれたか、それは、どんなことでも“思いが強い”ことに挑む、それが加藤尚彦である。年齢など関係ない。

2017年元旦、毎年だが一頁に、〝今年こそ〟と書く。いつも挑む心を持ちつづけたいと思っている。いつも、いつも四六時中。この挑む精神が、「廃県置市150Ⅰ、Ⅱ」を創った。増田寛也研究グループ・中央公論、2012年12月号、2013年7月特集での地方壊死、40年後の日本1億人割れの論文に強く反応し、ショックを受け、対策はないのか、少子化の原因は、変える道はあるのか、私は、一瞬にして、廃県、中央集権解体、明治維新に改めて思いを馳せた。

そして、地方壊死など受け入れない、地方政府創立。(江戸時代の藩制)そして、“廃県置市150”。考えは、ザ・少子化ストップ、地方政府150が競い合う。

150の自治体政府が競い合う、自給自足、特に農業、エネルギー教育そして国際貢献を掲げ、世に問う。それを急ぐ。“10年”という果敢に挑むという決意、今は身近な友人の協力を得て、調査研究し、UTUBEで発信する。ひとりの協力から、その人のスマホで理解協力を得る。1年で全市民に伝達する。未来の子どもたち、青年たち、女性たちのためを考え、改めて未来に夢や希望ある日本を、150の自治体政府と3000の島々の創生で島王国連合づくり。明治維新、ペリー来航から10数年で明治維新を迎えた、今日であるなら“10年”達成は不可能ではない。

私が望む〝市民〟が。〝市民の市民による市民のための政治〟は、自治体政府の創設、〝納税〟の意識、〝税金〟もらう意識を100%変えることで築ける、私は〝そう思う〟。

「廃県置市150Ⅱ」校了にあたって、今日は3・11です。福島大地震6年目。多くの被災者の皆様に捧げます。そして、この6年間、乳癌と大腸癌を患い手術。未だ家族と闘っております愛妻と娘に感謝を捧げます。

改めてプルトニウム原発反対の意思表示をします。そして、癌撲滅の決意を表明します。
さて、最後に筆をおくにあたり、この著作を世の出す際に以下の方々にお世話になった。厚く御礼申し上げる。再生エネのＮＣ電源開発株式会社、牧場の革命家・農協解体に人生を賭けた金城利憲氏、一級建築士が強い思いで立ち上げた〝ザペンシル〟。

２０１７年11月１日

追記

今の日本、民主主義の理解度について。市民は、どの程度か、第二次大戦後占領軍GHQのマッカーサー総司令官は、日本を去ってアメリカの上院で、「小学校の五年生程度」と報告した。

現在、二〇一七年、高卒レベルか、大卒レベルか、残念ながら、どう判断しようと中高レベル以下としか思えない。経済は一流?、政治は三流といわれ続けていることに、市民も政治・行政も無反応としか言いようがない。

私は〝政治は、芸術だ〟と思っている。本来芸術を理解できる国や市民は評価されている。〝政治は、芸術だ〟と言い切れる者は、少ない。否!いない。政治は市民の全生活に責任をもつものと思わなくてはならない。

〝民主主義〟が理解されていない。情けない。日本国憲法で、市民が主役であると明記されている。拠って、日本での市民は全ての権利者である。むろん、義務を負うことは言うまでもない。〝市民の市民による市民のための政治〟を強く意識しているか。この意識で、民主主義の理解への道となる。小中生レベルでは、民主主義国家にはならない。

私が提議した「廃県置市150」の要となる。明治から今日まで、ひたすら、中央集権への道程を経た。第二次大戦、そして敗戦。戦後七二年、民主義国家になった。だが、市民は理解できなかった。政治家、公務員と税金を貪る人たち、国家試験を乗り越えた人たち、大企業関連社員、全ての天下り機関の社員の人たちは、平均年収を大きく上回っています。

中小企業、商店で働く人たち、タクシー運転手さん、年金生活者、いわゆる一般市民は、大変苦しい生活を強いられています。昨今気づくことがあります。何もかも値上げラッシュです。「株」などの値上がりなど関係ない市民、アベノミクスの恩恵のない人たち、市民の七〇％近い人たちが、毎日の生活に四苦八苦だと思います。大企業が三～四百兆円を貯め込んでいる。〝出しなさい〟と言いたい。

来年秋、消費税10％、小手先で、使い道に教育無償化と謳い文句で批判を躱《か》わそうとしているが、消費税ゼロ円を市民は期待している。高額の物販は「高く」、市民の暮らしに必要不可欠の食材など「低く」、そんな政治は全く考えない。江戸時代の「天保の改革」

凡ゆる物販、特に、米・ミソなど生活必需品を値下げさせ、そして不況から脱した経験を、今日でも役立つと思っている。

あれこれ言いたいことだらけだが、市民が暮らしやすく、楽しく幸せ、「未来に希望」こそを政治と考えたいと思えてならない。

付記　その1

それにしても腹立たしいことの多いことが毎日ある。だから毎日1つでも善行を重ねている。腹立たしいいくつかを列挙。

十一月　児童虐待防止月間　子らへの虐待は何人であれ、重犯罪である。

税金滞納税　金利14％　ひどい！

電柱の地下埋設化、いまだ遅々として進まない。

福島原発事故裁判で、政府・東京電力の責任を明らかにした。

消費税８％　２０１８年秋　10％　許せない。認められない。

自殺者3万人　とても考えられないし、残念でたまらない。

毎年、交通事故死の多さにも心を痛める。自動車メーカーの無能さと無責任さが腹立たしい。

ストーカー、レイプなど断じて許さない。

もっともっと厳しい法改正を求めていきたい。

特に、女性の癌死亡にお医者さん、科学者の人たち頼むよ。

女性DVは決して許さない、重い刑を望みたい。

2017年8月6日、8月9日の広島・長崎両市で72回目原爆の日で、両市長共、7月の国連総会で122カ国賛同を得て核兵器禁止条約が採択された。日本は出席せず。加わらなかった。ことに厳しい批判発言をした政府対応は、保有国の賛同を得られていない。今後とも、核兵器廃絶に全力で取り組むと首相発言はあった。

今年のノーベル平和賞を、ICANが受賞した。ICANはノルウェーで少数で立ち上げられた、主に国連での活動をネットで国際社会に核兵器廃絶を呼びかけ続けた。ICANの仕事は、ヒロシマ・ナガサキの被爆者の運動の結果と評価した。

日本は条約加盟国に加わるべきと強い発言をしたい。そして、国連で繰り返し、核兵器保有国以外の全加盟国に呼びかけつづけることを求めたい。

犯罪被害者の会に入会する
日本の裁判は、どうも加害者に向けの判決に思えてならない。
被害者、その家族、多くの人たちが生涯負っていかなくてはならない悲劇が多くあると聞いている。

話は少し変わる。
自治会・町内会はみなさん知っていると思います。会費は強制ではないが、所在住民の70%強が平均月額300円、年間3600円、若干自治体より補助金もあるようだが、300円×世帯数。足らざるは全てボランティアで元旦から年末まで忙しく町内会の各種行事を主催します。会長、連合町内会長の手帳を拝見しましたが、365日という忙しすぎる日常です。

そのため、なかなか次を担う人が現れません。皆さん、10年、20年と役職を守ってくれています。住民のほとんどはその事情を詳しくは知っておりません。毎月1回の役員会で会長ほか担当役員より相談を受けて各班の会員に回覧を回す。

ここで納得できないこと、皆さんの居住区ないでお分かりのように街灯があります。この街灯料金は、町内会予算から出ているということです。この街灯料金が大きな負担になっている。自治体と電力会社で負担すべきと思えてならない。

お祭り、敬老会、年始年末の神社での行事は知っていると思います。どうか、どうか皆さん、入会率70％は情けない。100％を目指したいと思います。

福島（東北）大震災で亡くなられ、傷ついた人たち、仮設住宅で亡くなった人たち、長期の粗末ないまだ仮設住宅にお住いの方に、2017年また冬を迎えることを思うと、日本国の恥を世界に知らしめていると思う。気の毒やら、情けないやら、腹が立って腹が立って止めようもない怒りがわく。

但し、100万人を超えるという全国のボランティアの人たち、海外からの支援は頭が下がる。感謝、感謝です。

追記　締め

平成天皇の退位が決まる。両陛下は即位以来、戦争を否定し、平和を願い第二次大戦下での犠牲者に思いを深くし、内外を行脚して、手を合わせ、深く追悼の意を示し腰を低くし、お姿を見せてくださった。また、福島大震災をはじめ、全国の災害地を行脚し国民を励まし続けられた。心から敬愛してやまない。

世界の平和を！　世界の環境問題を！　世界の災害対策に！　世界の子供や女性たちの悲劇に対して！　私は思う。

日本こそこれらのことに全力で取り組み、全市民が共通の願いとして、立ち上がる「日本」を望んでやまない。〝日本こそ〟このことが、日米安保を超え、日本の安全保障になると思えてならない。先進七カ国首脳会議が、ひたすら経済の豊かさを追い求める先に、共に考え、そして世界の諸問題に結果を出していくことこそ、世界のサミットの役割だし、富める国がさらなる富を得ることのみに熱心であることに疑問を覚えてならない。

この著作の序章の前に、聖徳太子、明治天皇、平和を希求し続ける日本。

あらゆる国連の場で平和を発意し続ける。

ＩＣＡＮが２０１７年ノーベル平和賞受賞。代表挨拶で「ヒロシマ・ナガサキ」の被爆者の方々が国連の場で戦い続けた結果だと強い印象を語ってくれた。被爆者の人たちは、「私達が受賞した」との思いを共有したようだ。核兵器がなくなる世界も夢ではない。日本は平和憲法下で、国の精神は生きづいている。

第二次大戦後の平和憲法前文を抜粋し、改めて、日本の志（こころざし）に思いを馳せ、世界に知らしめたい。とにかく、両陛下の真摯な行脚に頭が下がり、敬愛の気持ちを深めさせていただいた。ご退位は残念だが……。

著者　加藤尚彦（かとうなおひこ）

1937年3月31日生まれ
早大大学院政研卒業（国際政治専攻）
衆議院議員・藤山愛一郎秘書
横浜市会議員（5期）
自民党横浜市連幹事長を歴任
二大政党の持論がある。
衆議院議員（第43回衆議院選挙当選）
民主党を経て現在新政党の立ち上げを
準備中。
今回の著作は前回2014年「廃県置市150」
1に続くⅡである。

政治活動に多忙にも関わらず文化芸術に
造詣が深く世界的な芸術家とも親交がある。
ことにアジア・アフリカ問題、環境問題、
エネルギー、食料自給問題など多岐にわた
る活動を続けている。
2012年　旭日小綬章綬章

「廃県置市150」 PARTⅡ
Haikentishi150　PartⅡ

著者　加藤尚彦

発行　2018年1月1日
発行人　武津文雄
発行所　グッドタイム出版
〒104-0061
東京都中央区銀座7-13-6　サガミビル2F
編集室
千葉県茂原市千町3522-16
TEL 0475-44-5414　fax0475-44-5415
印刷・製本　中央精版印刷

ISBN 978-4-908993-04-6　C0031